나 혼자 끝내는
스페인어 단어장

나혼자 끝내는 스페인어 단어장

지은이 곽은미
펴낸이 임상진
펴낸곳 (주)넥서스

초판 1쇄 발행 2017년 11월 10일
초판 17쇄 발행 2023년 11월 1일

2판 1쇄 인쇄 2024년 11월 22일
2판 1쇄 발행 2024년 12월 2일

출판신고 1992년 4월 3일 제311-2002-2호
주소 10880 경기도 파주시 지목로 5
전화 (02)330-5500 팩스 (02)330-5555

ISBN 979-11-6683-955-9 13770

출판사의 허락 없이 내용의 일부를
인용하거나 발췌하는 것을 금합니다.

가격은 뒤표지에 있습니다.
잘못 만들어진 책은 구입처에서 바꾸어 드립니다.

www.nexusbook.com

NEXUS　SPANISH

독학 맞춤형 학습 부가자료
- 원어민 MP3 -
- 단어 암기 동영상 -

나혼자 끝내는
스페인어 단어장

곽은미 지음

넥서스

나혼자 끝내는 스페인어 단어 암기 비법

1단계 MP3를 들으며 발음 확인

먼저 MP3를 듣고, 단어와 예문의 발음을 확인하세요. 스마트폰으로 QR코드를 스캔하면 MP3 파일을 바로 들을 수 있습니다. 넥서스 홈페이지에서도 MP3 파일을 무료로 다운받을 수 있습니다.

무료 다운 www.nexusbook.com

2단계 핵심 단어에 눈도장 콱!

001~638의 번호가 붙어 있는 핵심 단어를 먼저 외우세요. 복습할 때는 한 손으로 단어 뜻을 가리고, 스페인어만 보고서 뜻을 맞혀 보세요. 복습한 단어는 체크 박스에 V 표시를 하세요.

3단계 예문 빈칸 채우기

핵심 단어를 2회 반복 암기한 다음에는 예문의 빈칸에 단어를 직접 써 보세요. 손으로 직접 써 보면 눈으로만 외우는 것보다 훨씬 기억에 오래 남습니다.

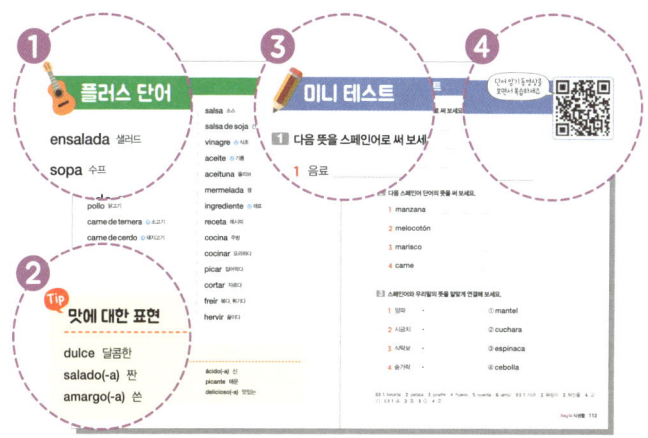

❶❷ 플러스 단어와 Tip으로 어휘력 보강
핵심 단어를 외운 다음에 좀 더 난이도가 있는 단어에 도전해 보세요. 일상생활에서 활용도가 높은 단어들입니다.

❸ 미니 테스트로 실력 확인
문제를 풀면서 실력을 확인해 보세요.

❹ 단어 암기 동영상으로 복습
세 번 봤는데도 단어가 잘 안 외워진다고요? 그렇다면 단어 암기 동영상을 무한 반복해서 보세요. 깜빡이 학습법으로 단어를 자동 암기할 수 있도록 도와줍니다.
무료 다운 www.nexusbook.com

스마트폰으로 책 속의 QR코드를 스캔하면
MP3 파일과 **단어 암기 동영상**을 확인할 수 있어요.

먼저 MP3 파일을 들어 보세요.

단어 암기 동영상으로 무한 반복 복습!

자가진단 독학용 학습 플래너

이 책은 30일 만에 약 1,700개의 스페인어 단어를 암기할 수 있도록 구성되어 있습니다. 학습 플래너에 공부한 날짜를 적고 체크 박스에 V 표시를 하며 공부하세요. 외운 단어를 잊어버리지 않는 방법은 여러 번 반복해서 외우는 것밖에 없습니다. 특히 초급 단계에서는 어휘력이 곧 스페인어 실력이니 스페인어를 잘하기 위해서는 단어 암기가 매우 중요합니다.

공부 순서: ☑ MP3 듣기 ➡ ☐ 단어 암기 ➡ ☐ 예문 빈칸 채우기 ➡ ☐ 단어 암기 동영상

Day		Page	공부한 날	복습 1회	복습 2회	복습 3회	단어 암기 동영상
01	ser 동사와 국적	010	월 일	✓	✓	✓	▶
02	★★★ 성격 표현하기	016	월 일	✓	✓	✓	▶
03	★★★ 가족과 직업	022	월 일	✓	✓	✓	▶
04	★★★ 신체와 외모	030	월 일	✓	✓	✓	▶
05	estar 동사와 상태 표현	036	월 일	✓	✓	✓	▶

06	방향과 위치	044	월 일	✓	✓	✓	▶
07	규칙변화 동사 -ar/-er/-ir	050	월 일	✓	✓	✓	▶
08	어간변화 동사 Ⅰ: e → ie	058	월 일	✓	✓	✓	▶
09	어간변화 동사 Ⅱ: e → i	064	월 일	✓	✓	✓	▶
10	어간변화 동사 Ⅲ: o/u → ue	068	월 일	✓	✓	✓	▶
11	★★★ 나의 하루	072	월 일	✓	✓	✓	▶
12	★★★ 학교에서	078	월 일	✓	✓	✓	▶
13	★★★ 회사에서	086	월 일	✓	✓	✓	▶
14	★★★ 계절과 날씨	092	월 일	✓	✓	✓	▶

15	동물과 식물	098	월 일	✓	✓	✓	▶
16	★★★ 식생활	104	월 일	✓	✓	✓	▶
17	★★★ 여행	114	월 일	✓	✓	✓	▶
18	의복과 미용	120	월 일	✓	✓	✓	▶
19	쇼핑	126	월 일	✓	✓	✓	▶
20	교통·도로	134	월 일	✓	✓	✓	▶
21	은행, 우체국에서	142	월 일	✓	✓	✓	▶
22	병원에서	148	월 일	✓	✓	✓	▶
23	공항에서	156	월 일	✓	✓	✓	▶

24	취미 생활 ★★★	162	월 일	✓	✓	✓	▶
25	운동과 스포츠	168	월 일	✓	✓	✓	▶
26	컴퓨터·전화	174	월 일	✓	✓	✓	▶
27	숫자와 요일 ★★★	182	월 일	✓	✓	✓	▶
28	색깔과 모양	190	월 일	✓	✓	✓	▶
29	자주 쓰이는 형용사, 부사 ★★★	194	월 일	✓	✓	✓	▶
30	자주 쓰이는 동사구 표현 ★★★	202	월 일	✓	✓	✓	▶
★	스피드 인덱스	208					

Day 01

공부순서: ☐ MP3 듣기 ➡ ☐ 단어 암기 ➡ ☐ 예문 빈칸 채우기 ➡ ☐ 단어 암기 동영상

ser 동사와 국적

MP3를 들어보세요

¿De dónde eres tú?
너는 어디 출신이니?

Soy de Corea.
나는 한국 출신이야.

 ser ~이다

ser 동사는 주어의 변하지 않는 속성, 특성을 나타내는 단어와 함께 사용합니다.

yo 나	soy	nosotros(-as) 우리들	somos
tú 너	eres	vosotros(-as) 너희들	sois
él/ella/usted 그/그녀/당신	es	ellos/ellas/ustedes 그들/그녀들/당신들	son

001	**ser** ～이다	Yo ✎ _____ Marga. 저는 Marga입니다.
002	**dónde** 어디, 어디에	¿De _____ eres? 너는 어디 출신이니?
003	**país** 🔵 국가	¿De qué _____ eres? 너는 어느 나라에서 왔니?
004	**nacionalidad** 🔴 국적	¿Cuál es su _____? 당신의 국적은 무엇입니까?
005	**Corea** 한국	Yo soy de _____. 나는 한국 출신입니다. ▸ **coreano**(-a) 한국의, 한국인
006	**España** 스페인	Ella es _____. 그녀는 스페인 사람입니다. ▸ **español**(a) 스페인의, 스페인 사람
007	**China** 중국	La camisa es de _____. 셔츠는 중국산입니다. ▸ **chino**(-a) 중국의, 중국인

Hint 001 soy　006 española

Day 01 ser 동사와 국적

008	**Japón** 일본	**Ella es** _____. 그녀는 일본인입니다. ▸ **japonés**(a) 일본의, 일본인
009	**Inglaterra** 영국	**El té de** _____ **es bueno.** 영국의 차는 맛있습니다. ▸ **inglés**(a) 영국의, 영국인
010	**Alemania** 독일	**El futbolista es** _____. 그 축구 선수는 독일인입니다. ▸ **alemán**(a) 독일의, 독일인
011	**Francia** 프랑스	**El vino es de** _____. 그 와인은 프랑스산입니다. ▸ **francés**(a) 프랑스의, 프랑스인
012	**Estados Unidos** 미국	**¿Quién es el presidente de** _____ _____ **?** 미국의 대통령이 누구죠? ▸ **estadounidense** 미국인, 미국의
013	**Filipinas** 필리핀	**Mi madre es de** _____. 나의 엄마는 필리핀 출신입니다. ▸ **filipino**(-a) 필리핀의, 필리핀 사람
014	**Portugal** 포르투갈	**Es difícil aprender** _____. 포르투갈어를 배우는 것은 어려워요. ▸ **portugués**(a) 포르투갈의, 포르투갈인

Hint 008 japonesa   010 alemán   014 portugués   015 mexicana   017 peruanos
018 venezolanas   019 brasileño   020 guatemalteco

015 **México** 멕시코

Me gusta la comida _____.
나는 멕시코 음식을 좋아해요.
> mexicano(-a) 멕시코의, 멕시코인

016 **Colombia** 콜롬비아

_____ es famosa por el café.
콜롬비아는 커피로 유명합니다.
> colombiano(-a) 콜롬비아의, 콜람비아인

017 **Perú** 페루

Los _____ son simpáticos.
페루 사람들은 친절합니다.
> peruano(-a) 페루의, 페루 사람

018 **Venezuela** 베네수엘라

Las _____ son guapas.
베네수엘라 여인들은 예쁩니다.
> venezolano(-a) 베네수엘라의, 베네수엘라 사람

019 **Brasil** 브라질

¿Eres _____?
너(남자)는 브라질 사람이야?
> brasileño(-a) 브라질의, 브라질인

020 **Guatemala** 과테말라

El chico es _____.
소년은 과테말라인입니다.
> guatemalteco(-a) 과테말라의, 과테말라인

021 **Chile** 칠레

_____ es el país más largo del mundo.
칠레는 세상에서 제일 긴 나라입니다.
> chileno(-a) 칠레의, 칠레인

※ 국가명을 나타내는 형용사의 남성형은 그 나라의 언어를 뜻하기도 합니다.
[ej] español 스페인의, 스페인 사람(남자), 스페인어   coreano 한국의, 한국인(남자), 한국어

ser 동사로 국적 묻고 답하기

💛 질문하기

¿De dónde eres tú? 너는 어디 출신이니?
¿De dónde es usted? 당신은 어디 출신인가요?

★ de dónde: 어디로부터, 어디에서
★ 그 밖에도 ¿De qué país eres? 또는 ¿Cuál es tu nacionalidad?와 같이 질문할 수 있습니다.

💛 답변하기

Soy de Corea. 나는 한국 출신이야.
Soy coreana. 나(여자)는 한국인이야.

Soy de Francia. 나는 프랑스 출신이야.
Soy francés. 나(남자)는 프랑스인이야.

Ella es de Japón. 그녀는 일본 출신이야.
Ella es japonesa. 그녀는 일본인이야.

★ ser+de+국가명: ~ 나라 출신이다
★ ser+국명 형용사(성, 수 일치): ~ 나라 사람이다

❓ 남한과 북한은 어떻게 말할까요?
　Corea del Sur 남한
　Corea del Norte 북한

미니 테스트

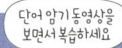

1 다음에 해당하는 국가명과 국명 형용사를 적어 보세요.

	국가명	국명 형용사
1 스페인		
2 한국		
3 일본		
4 미국		

2 ser 동사 변화형을 적어 표를 완성하세요.

단수		복수	
1인칭	1	1인칭	3
2인칭	2	2인칭	sois
3인칭	es	3인칭	4

3 알맞은 ser 동사를 넣어 문장을 완성하세요.

1 Yo _____ de México. 나는 멕시코 출신이야.

2 ¿De dónde _____ tú? 너는 어디 출신이니?

3 Nosotros _____ italianos. 우리는 이탈리아 사람이야.

4 Mi madre _____ mexicana. 나의 엄마는 멕시코 사람이야.

---

1 1. España, español/española 2. Corea, coreano/coreana 3. Japón, japonés/japonesa 4. Estados Unidos/ estadounidense **2** 1. soy 2. eres 3. somos 4. son **3** 1. soy 2. eres 3. somos 4. es

공부순서 ☐ MP3 듣기 ➡ ☐ 단어 암기 ➡ ☐ 예문 빈칸 채우기 ➡ ☐ 단어 암기 동영상

성격 표현하기

bueno(-a)
착한

malo(-a)
나쁜

simpático(-a)
친절한

estricto(-a)
엄격한

sincero(-a)
성실한

perezoso(-a)
게으른

022
carácter
명 성격, 특징

El _____ es bueno.
성격이 좋다.

023
personalidad
여 인격, 성격

¿Cómo es su _____?
그의 성격은 어때?

024
simpático(-a)
친절한

La profesora es muy _____.
선생님은 매우 친절합니다.

025
antipático(-a)
불친절한

Él es _____.
그는 불친절합니다.

026
trabajador(a)
부지런한

Los estudiantes son _____.
학생들은 부지런합니다.

027
perezoso(-a)
게으른

Mi hijo es _____.
내 아들은 게을러요.

028
arrogante
거만한

No me gusta la persona _____.
나는 거만한 사람이 싫어요.

Hint 024 simpática   025 antipático   026 trabajadores   027 perezoso

029
sincero(-a)
성실한

Mi esposo es _____.
제 남편은 성실해요.

030
agradable
유쾌한, 쾌활한

Mi esposa es _____.
제 부인은 유쾌합니다.

031
exigente
엄격한, 많은 것을 요구하는

Mi padre es un poco _____.
제 아버지는 조금 엄격하세요.

032
hablador(a)
수다쟁이의

Esa chica es _____.
그 소녀는 수다쟁이입니다.

033
mérito
장점

¿Cuál es tu _____?
너의 장점은 뭐니?

034
defecto
단점

El actor no tiene _____.
그 배우는 단점이 없다.

035
serio(-a)
진지한

¿Por qué estás tan _____?
너(남자)는 왜 그렇게 진지해?

Hint 029 sincero 032 habladora 035 serio

036
egoísta
이기적인

¡Eres muy ✎ !
너는 정말 이기적이야!

037
tímido(-a)
소심한

Yo soy una chica un poco
　　　　　.
나는 약간 소심한 소녀입니다.

038
sociable
사교적인

Mi novio es 　　　　　.
내 남자친구는 사교적입니다.

039
tacaño(-a)
인색한

Usted es un hombre muy
　　　　　.
당신은 매우 인색한 남자군요.

040
cortés
예의 바른

Su hija es muy 　　　　　.
당신의 딸은 참 예의가 바르네요.

041
activo(-a)
활발한, 적극적인

¿Sus estudiantes son 　　　　　?
당신의 학생들은 적극적인가요?

`Hint` **037** tímida　**039** tacaño　**041** activos

플러스 단어

- **generoso(-a)** 너그러운
- **indiferente** 무심한, 무뚝뚝한
- **detallista** 꼼꼼한
- **optimista** 남여 낙천주의자, 낙천적인
- **pesimista** 남여 비관주의자, 비관적인
- **orgulloso(-a)** 자만하는
- **cobarde** 겁이 많은
- **valiente** 용감한
- **honesto(-a)** 솔직한
- **mentiroso(-a)** 거짓말쟁이
- **seco(-a)** 냉정한
- **acogedor(a)** 우호적인
- **comprensivo(-a)** 이해심이 있는
- **egocéntrico(-a)** 자기중심적인

- **paciente** 인내심이 있는
- **idealista** 남여 이상주의자
- **realista** 남여 현실주의자
- **inocente** 순진한
- **abierto(-a)** 개방적인
- **conservador(a)** 보수적인
- **divertido(-a)** 재미있는
- **pesado(-a)** 성가신
- **humilde** 겸손한
- **estúpido(-a)** 어리석은
- **bueno(-a)** 착한, 좋은
- **malo(-a)** 나쁜, 악한
- **sanguíneo(-a)** 다혈질의
- **astuto(-a)** 교활한

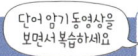

1 다음 뜻을 스페인어로 써 보세요.

1 친절한 _____   2 너그러운 _____

3 성실한 _____   4 사교적인 _____

2 다음 스페인어의 뜻을 적고 반대되는 단어를 스페인어로 써 보세요.

	뜻	반대말
1 **bueno**(-a)	_____	_____
2 **optimista**	_____	_____
3 **mérito**	_____	_____
4 **perezoso**(-a)	_____	_____

3 스페인어와 우리말의 뜻을 알맞게 연결해 보세요.

1 인색한   •   ① **hablador**(a)

2 거만한   •   ② **tacaño**(-a)

3 용감한   •   ③ **valiente**

4 수다쟁이의   •   ④ **arrogante**

---

1 1. simpático(-a) 2. generoso(-a) 3. sincero(-a) 4. sociable **2** 1. 착한/좋은, malo(-a) 2. 낙천주의자/낙천적인, pesimista 3. 장점, defecto 4. 게으른, trabajador(a) **3** 1. ② 2. ④ 3. ③ 4. ①

Day 03

공부 순서: ☐ MP3 듣기 ➡ ☐ 단어 암기 ➡ ☐ 예문 빈칸 채우기 ➡ ☐ 단어 암기 동영상

가족과 직업

🎧 MP3를 들어보세요

- **mamá** 엄마
- **papá** 아빠
- **hermanos** 형제들
- **familia** 가족

oficinista
회사원

médico(-a)
의사

policía
경찰관

bombero(-a)
소방관

peluquero(-a)
미용사

cocinero(-a)
요리사

profesor(a)
선생님

cantante
가수

pintor(a)
화가

042
familia
가족

Somos una ✎ _____ feliz.
우리는 행복한 가족입니다.

043
abuelo
할아버지

¿Cómo es tu _____?
너의 할아버지는 어떤 분이셔?

044
abuela
할머니

Mi _____ tiene setenta años.
나의 할머니는 70살이셔.

045
padre
아버지

Mi _____ es periodista.
나의 아버지는 기자입니다.

046
madre
어머니

Mi _____ es amable.
나의 어머니는 친절하십니다.

047
hermano
남자 형제

Tengo un _____ menor.
저는 남동생이 한 명 있어요.

048
hermana
여자 형제

Su _____ mayor es muy guapa.
그의 누나는 매우 예뻐요.

※ hermano(-a) 뒤에 mayor(나이가 많은), menor(나이가 적은)를 붙여서 누나, 언니, 오빠, 형, 동생을 나타낼 수 있어요.
ej) hermano mayor 오빠, 형   hermana menor 여동생

049
primo(-a)
사촌

Ella es mi _____.
그녀는 제 사촌입니다.

050
niño(-a)
어린이, 아이

Los _____ juegan al fútbol.
아이들이 축구를 합니다.

051
hijo
아들

Nuestro _____ es inteligente.
우리 아들은 똑똑합니다.

052
hija
딸

Tenemos una _____.
우리는 딸이 하나 있어요.

053
esposo
남편(=marido)

Mi _____ trabaja mucho.
나의 남편은 일을 많이 해요.

054
esposa
부인(=mujer)

Mi _____ cocina bien.
제 부인은 요리를 잘합니다.

055
profesión
여 직업

¿Cuál es su _____?
당신의 직업은 무엇입니까?

Hint 049 prima   050 niños

Day 03 가족과 직업

056
oficinista
명 여 회사원

Somos ✏️ _____.
우리는 회사원입니다.
> 남성형, 여성형이 동일한 명사는 관사(el, la)로 성을 구분합니다.

057
funcionario(-a)
공무원

Julio y yo somos _____.
Julio와 나는 공무원입니다.

058
médico(-a)
의사

El _____ es simpático.
의사는 친절합니다.

059
enfermero(-a)
간호사

La _____ trabaja por la noche.
그 간호사(여자)는 밤에 일합니다.

060
profesor(a)
선생님, 교수

El _____ de español es de México.
그 스페인어 선생님은 멕시코 출신입니다.

061
estudiante
명 여 학생

Hay muchos _____ en la clase.
교실에 많은 학생들이 있습니다.

062
cantante
명 여 가수

Mi _____ favorito es Alejandro.
내가 가장 좋아하는 가수는 Alejandro입니다.

Hint 056 oficinistas   057 funcionarios   058 médico   059 enfermera   060 profesor
061 estudiantes

063
abogado(-a)
변호사

Mi amiga es ✎_____.
나의 친구는 변호사입니다.

064
ama de casa
주부

Mi madre es _____ _____.
나의 어머니는 주부예요.

065
policía
남·여 경찰관

El _____ es responsable.
그 경찰관은 책임감이 있습니다.

066
cocinero(-a)
요리사

Este _____ es muy famoso.
이 요리사는 매우 유명합니다.

067
deportista
남·여 운동선수

Quiero ser un _____.
저는 운동선수가 되고 싶어요.

068
pintor(a)
화가

Picasso es un _____ famoso de España.
피카소는 스페인의 유명한 화가입니다.

Hint 063 abogada 066 cocinero 068 pintor

플러스 단어

sobrino(-a) 조카

nieto 손자

nieta 손녀

suegro 시아버지, 장인

suegra 시어머니, 장모

yerno 사위

nuera 며느리

tío 삼촌, 고모부, 이모부

tía 숙모, 고모, 이모

hijo único 외동아들

hija única 외동딸

cuñado 형부, 매형

cuñada 처제, 처형

novio(-a) 애인

amigo(-a) 친구

locutor(a) 아나운서

farmacéutico(-a) 약사

actor 남 남자 배우

actriz 여 여배우

ingeniero(-a) 엔지니어

camarero(-a) 웨이터

político(-a) 정치인

presidente 남 여 대통령

periodista 남 여 기자

diseñador(a) 디자이너

poeta 남 여 시인

novelista 남 여 소설가

diplomático(-a) 외교관

empresario(-a) 기업가

futbolista 남 여 축구 선수

banquero(-a) 은행원

※ presidente의 경우 과거에는 관사로 성수를 구분하여 사용하는 양성명사였지만 최근에는 여성 대통령을 나타내는 단어인 presidenta가 새로 생겼습니다.

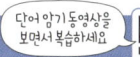

1 다음 뜻을 스페인어로 써 보세요.

1 할머니 _____   2 변호사 _____

3 손자 _____   4 외교관 _____

5 의사 _____   6 가족 _____

2 다음 단어의 뜻을 적고 여성형을 스페인어로 써 보세요.

	뜻	여성형
1 marido		
2 actor		
3 periodista		
4 yerno		

3 스페인어와 우리말의 뜻을 알맞게 연결해 보세요.

1 경찰   •   ① político(-a)

2 간호사   •   ② profesión

3 직업   •   ③ policía

4 정치인   •   ④ enfermero(-a)

---

1 1. abuela 2. abogado(-a) 3. nieto 4. diplomático(-a) 5. médico(-a) 6. familia **2** 1. 남편, esposa/mujer 2. 배우, actriz 3. 기자, periodista 4. 사위, nuera **3** 1. ③ 2. ④ 3. ② 4. ①

Day 03 가족과 직업

신체와 외모

- cabeza 머리
- ojo 눈
- oreja 귀
- cara 얼굴
- cuello 목
- pecho 가슴
- mano 손
- dedo 손가락
- nariz 코
- boca 입
- hombro 어깨
- brazo 팔
- estómago 배
- pierna 다리
- pie 발

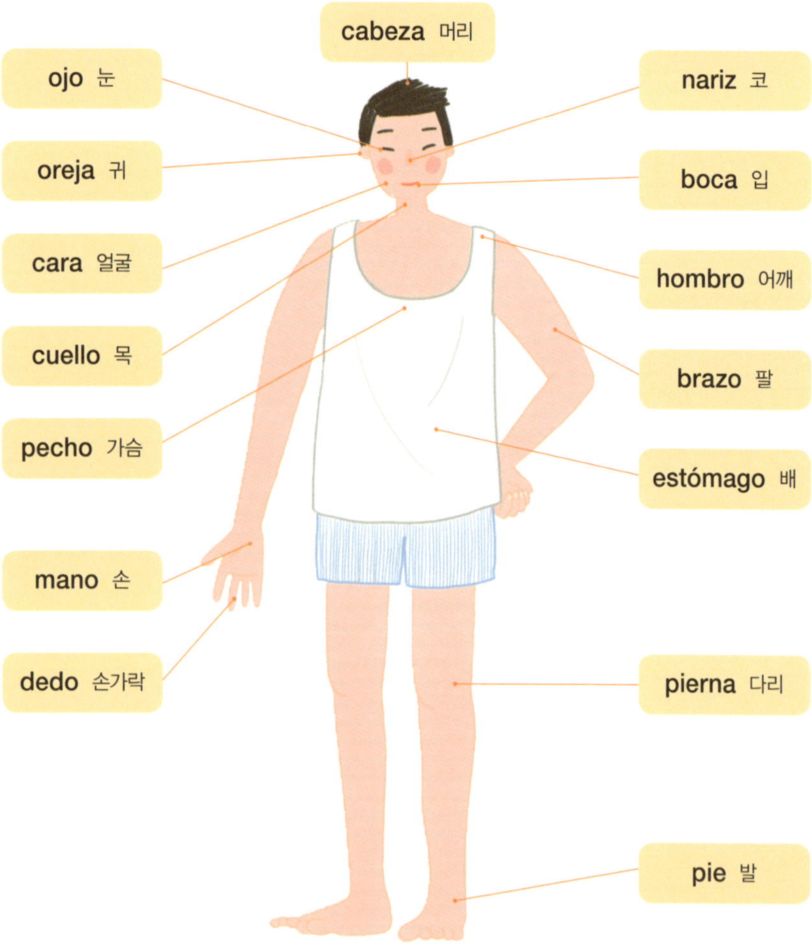

069 **cuerpo** 몸, 신체	Me duele todo el ____. 나는 온몸이 아파.
070 **cabeza** 머리	Tengo dolor de ____. 난 두통이 있어.
071 **cara** 얼굴	Me lavo la ____. 나는 세수를 해.
072 **ojo** 눈	Ella tiene los ____ grandes. 그녀는 큰 눈을 가졌어.
073 **nariz** 예 코	Tienes una ____ bonita. 너는 예쁜 코를 가졌구나.
074 **boca** 입	Abre la ____, por favor. 입을 벌려 보세요.
075 **oreja** 귀	Mi perro tiene ____ pequeñas. 나의 개는 귀가 작다.

Hint 072 ojos 075 orejas

Day 04 신체와 외모

076
cuello
목

El ✎ _____ de jirafa es largo.
기린의 목은 길다.

077
estómago
배

Nos duele el _____.
우리는 배가 아파요.

078
mano
여 손

Me lavo las _____ antes de comer.
나는 밥 먹기 전에 손을 씻어요.

079
pie
남 발

Voy a la escuela a _____.
나는 걸어서 학교에 갑니다.

❷ a pie는 '걸어서'를 의미합니다.

080
pelo
머리카락

Él tiene el _____ rubio.
그는 금발입니다.

081
espalda
등

Me pica la _____.
나 등이 간지러워.

082
cintura
여 허리

Mi abuela tiene dolor de _____.
나의 할머니는 허리가 아프셔요.

Hint 078 manos

083
guapo(-a)
예쁜, 잘생긴

El actor es muy _____.
그 배우는 매우 잘생겼다.

084
alto(-a)
키가 큰

Sois muy _____.
너희들(남자)은 키가 매우 크다.

085
bajo(-a)
키가 작은

Mi profesora es un poco _____.
나의 선생님은 키가 약간 작아요.

086
gordo(-a)
뚱뚱한

Eres más _____ que antes.
너(남자)는 전보다 더 뚱뚱하다.

087
delgado(-a)
날씬한

Esa actriz es _____.
그 여배우는 날씬하다.

088
mono(-a)
귀여운

Los niños son _____.
아이들이 귀엽다.

> 명사로는 '원숭이'라는 뜻입니다.

089
feo(-a)
못생긴

No eres _____ como piensas.
너(남자)는 네가 생각하는 것처럼 못생기지 않았어.

Hint　083 guapo　084 altos　085 baja　086 gordo　087 delgada　088 monos　089 feo

플러스 단어

oído 귓속, 청력

garganta 목구멍

dedo 손가락

diente 남 이, 치아

ceja 눈썹

pupila 눈동자

párpado doble 쌍꺼풀

mejilla 볼

labios 복 입술

lengua 혀

bigote 남 콧수염

barba 턱, 턱수염

arruga 주름

hoyuelo 보조개

ombligo 배꼽

uña 손톱, 발톱

lunar 남 점(=punto)

grano 여드름

rodilla 무릎

tobillo 발목

piel 여 피부

peso 몸무게

altura 키, 높이

elegante 우아한

joven 젊은

viejo(-a) 늙은

sucio(-a) 더러운, 지저분한

limpio(-a) 깨끗한

미니 테스트

1 다음 뜻을 스페인어로 써 보세요.

1 눈 _____   2 몸, 신체 _____

3 다리 _____   4 몸무게 _____

5 귀 _____   6 뚱뚱한 _____

2 다음 단어의 뜻을 써 보세요.

1 garganta _____

2 pelo _____

3 cara _____

4 delgado(-a) _____

3 의미에 맞는 문장이 되도록 연결해 보세요.

1 Me lavo las manos ·   ① dolor de estómago.

2 Me pica ·   ② como piensas.

3 No eres feo ·   ③ antes de comer.

4 Tengo ·   ④ la espalda.

1 1. ojo 2. cuerpo 3. pierna 4. peso 5. oreja 6. gordo(-a) **2** 1. 목구멍 2. 머리카락 3. 얼굴 4. 날씬한 **3** 1. ③ 2. ④ 3. ② 4. ①

Day 05

 공부순서 ☐ MP3 듣기 ➡ ☐ 단어 암기 ➡ ☐ 예문 빈칸 채우기 ➡ ☐ 단어 암기 동영상

estar 동사와 상태 표현

🎧 MP3를 들어보세요

¿Estás cansada?
너 피곤하니?

Sí, estoy muy cansada.
응, 엄청 피곤해.

 estar ~이다

estar 동사는 주어의 일시적인 상태를 나타내는 단어와 함께 쓰입니다.

yo	estoy	nosotros(-as)	estamos
tú	estás	vosotros(-as)	estáis
él / ella / usted	está	ellos / ellas / ustedes	están

feliz
행복한

triste
슬픈

enfadado(-a)
화난

preocupado(-a)
걱정하는

asombrado(-a)
놀란

aburrido(-a)
지루한

cansado(-a)
피곤한

enfermo(-a)
아픈

borracho(-a)
취한

090
feliz
행복한, 기쁜

¡ _____ Navidad!
즐거운 크리스마스!

091
contento(-a)
만족한

La profesora está _____.
선생님은 만족스러워하신다.

092
triste
슬픈

¿Por qué estás _____?
너는 왜 슬퍼하니?

093
deprimido(-a)
의기소침한

Ellos están _____ por el resultado.
그들은 결과 때문에 의기소침해져 있다.

094
cansado(-a)
피곤한

Mi padre está _____ por el trabajo.
나의 아버지는 일 때문에 피곤하십니다.

095
solo(-a)
외로운

Estos días estoy _____.
요즘 나(남자) 외로워.

096
ocupado(-a)
바쁜

La actriz está muy _____.
그 여배우는 매우 바빠요.

Hint 090 Feliz 091 contenta 093 deprimidos 094 cansado 095 solo 096 ocupada

097	**preocupado**(-a) 걱정하는	Mis padres están _____ por mí. 부모님은 나를 걱정하십니다.
098	**nervioso**(-a) 긴장한	Estoy _____ por el examen. 나(여자)는 시험 때문에 긴장돼.
099	**asombrado**(-a) 놀란	Estamos _____ de la noticia. 우리는 그 뉴스에 놀랐다.
100	**melancólico**(-a) 우울한, 울적한	Vosotros estáis tan _____. 너희들은 너무 우울해한다.
101	**enfadado**(-a) 화난	Mi novia está muy _____. 내 여자친구는 매우 화가 났어.
102	**enojado**(-a) 화난	¿Por qué está Ud. tan _____? 당신(남자)은 왜 그렇게 화가 나셨죠?
103	**enfermo**(-a) 아픈	¿Todavía estás _____? 너(여자) 아직도 아파?

Hint 097 preocupados   098 nerviosa   099 asombrados(-as)   100 melancólicos   101 enfadada
102 enojado   103 enferma

104
tranquilo(-a)
침착한

Estarás ✎ _____ después de tomar té.
차를 마시고 나면 너(남자)는 안정을 찾을 거야.

105
inquieto(-a)
불안한

¡No estéis _____!
얘들아(여자) 불안해하지 마!

106
celoso(-a)
질투하는

Mi novio está _____.
내 남자친구가 질투해.

107
sucio(-a)
더러운

La habitación está _____.
방이 더럽습니다.

108
limpio(-a)
깨끗한

El espejo está _____.
거울이 깨끗합니다.

109
roto(-a)
깨진, 부서진, 찢어진

El libro está _____.
책이 찢어져 있습니다.

110
vergüenza
부끄러움

Me da _____ hablar en público.
사람들 앞에서 말하는 게 부끄러워.

Hint　104 tranquilo　105 inquietas　106 celoso　107 sucia　108 limpio　109 roto

111
agotado(-a)
지친

Ya estoy ✎   .
나(여자)는 이제 지쳤어.

112
ordenado(-a)
정리된

La clase está   .
교실이 정리되어 있습니다.

113
mareado(-a)
어지러운, 멀미나는

¿Estás   ?
너(남자) 어지럽니?

114
aburrido(-a)
지루한, 심심한

Estoy más   que una ostra.
나(여자)는 너무 지루해.

> 직역하면 '굴보다도 더 지루하다'라는 뜻으로, 주어의 상태가 너무나도 따분하다는 것을 나타내는 표현

115
abierto(-a)
열린

La farmacia está   ahora.
약국은 지금 열려 있습니다.

116
cerrado(-a)
닫힌

El banco está   a esta hora.
이 시간에 은행은 닫혀 있습니다.

117
borracho(-a)
(술에) 취한

¿Estáis muy   ?
너희들(남자) 많이 취했어?

Hint 111 agotada 112 ordenada 113 mareado 114 aburrida 115 abierta 116 cerrado
117 borrachos

ser와 estar 비교하기

영어의 be동사에 해당하는 스페인어의 동사로는 ser와 estar가 있습니다. ser 동사는 주어의 변하지 않는 속성에 대해 이야기할 때 사용하는 반면, estar 동사는 주어의 일시적인 상태를 말할 때 사용합니다.

Melisa es guapa.
Melisa는 (원래부터) 예쁩니다.

Melisa está guapa.
Melisa가 (오늘따라) 예쁩니다.

La mesa es grande.
책상이 큽니다.

La mesa está sucia.
책상이 더럽습니다.

El médico es inteligente.
의사는 똑똑합니다.

El médico está preocupado.
의사는 걱정합니다.

미니 테스트

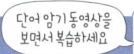

1 다음 뜻을 스페인어로 써 보세요.

1 만족한 _____   2 긴장하는 _____

3 걱정하는 _____   4 지루한 _____

5 부끄러움 _____   6 슬픈 _____

2 estar 동사 변화형을 적어 표를 완성하세요.

단수		복수	
1인칭	1	1인칭	estamos
2인칭	2	2인칭	3
3인칭	está	3인칭	4

3 ser 동사와 estar 동사 중 하나를 골라 의미에 맞게 문장을 완성하세요.

1 Nosotros _____ cansados estos días.
우리는 요즘 피곤합니다.

2 Mi padre _____ médico y siempre _____ ocupado.
나의 아버지는 의사이고 항상 바쁘십니다.

3 Mi madre _____ simpática pero hoy _____ enfadada.
나의 엄마는 친절하시지만 오늘은 화가 나셨습니다.

---

1 1. contento(-a) 2. nervioso(-a) 3. preocupado(-a) 4. aburrido(-a) 5. vergüenza 6. triste **2** 1. estoy 2. estás 3. estáis 4. están **3** 1. estamos 2. es, está 3. es, está

Day 06

공부 순서: ☐ MP3 듣기 ➡ ☐ 단어 암기 ➡ ☐ 예문 빈칸 채우기 ➡ ☐ 단어 암기 동영상

방향과 위치

MP3를 들어보세요

El parque está detrás del hospital.
공원이 병원 뒤에 있습니다.

A la izquierda del hotel, hay un supermercado.
호텔 왼편에 슈퍼마켓이 있습니다.

El hospital está al lado del banco.
병원은 은행 옆에 있습니다.

※ de+el → del, a+el → al로 항상 축약됩니다.

118 encima de
~ 위에(=sobre)

El libro está ✎ la cama.
책은 침대 위에 있습니다.

119 debajo de
~ 아래에

Hay un gato la silla.
의자 아래에 고양이가 한 마리 있습니다.

120 dentro de
~ 안에

¿Qué hay la caja?
상자 안에 무엇이 있나요?

121 fuera de
~ 밖에

Tienes que fumar edificio.
건물 밖에서 담배 피워야 해.

122 delante de
~ 앞에

¿Quién es ese chico Elena?
Elena 앞에 저 소년은 누구야?

123 enfrente de
~ 정면에, ~ 맞은편에

El cine está banco.
영화관은 은행 맞은편에 있어요.

124 detrás de
~ 뒤에

El cajero está hotel.
호텔 뒤에 ATM이 있어요.

Hint 121 fuera del   123 enfrente del   124 detrás del

#	Spanish	Korean
125	**a la derecha de**	~ 오른쪽에

Mi madre está ✎ ▢▢▢▢ ▢▢▢▢ ▢▢▢▢ ▢▢▢▢ mi padre.
나의 어머니는 아버지 오른쪽에 있어요.

#	Spanish	Korean
126	**a la izquierda de**	~ 왼쪽에

Mi coche está ▢▢▢▢ ▢▢▢▢ ▢▢▢▢ la casa.
집 왼쪽에 내 차가 있습니다.

#	Spanish	Korean
127	**al fondo de**	~ 끝에

El baño está ▢▢▢▢ ▢▢▢▢ ▢▢▢▢ pasillo.
화장실은 복도 끝에 있어요.

#	Spanish	Korean
128	**al lado de**	~ 옆에

Hay una iglesia ▢▢▢▢ ▢▢▢▢ mi casa.
나의 집 옆에 교회가 하나 있습니다.

#	Spanish	Korean
129	**cerca de**	~로부터 가까이에

¿Hay un restaurante ▢▢▢▢ ▢▢▢▢ aquí?
여기 가까이에 식당이 있나요?

#	Spanish	Korean
130	**lejos de**	~로부터 멀리에

La catedral está ▢▢▢▢ ▢▢▢▢ aquí.
성당은 여기에서 멀리에 있어요.

#	Spanish	Korean
131	**esquina**	모퉁이

Hay una cafetería en la ▢▢▢▢ .
모퉁이에 커피숍이 하나 있어.

Hint 127 al fondo del

132	**este** 명 동쪽	**El Mar del _____ de Corea es muy bonito.** 한국의 동해는 매우 예쁩니다.
133	**oeste** 명 서쪽	**Portugal está al _____ de España.** 포르투갈은 스페인의 서쪽에 있습니다.
134	**sur** 명 남쪽	**Yo soy de Corea del _____.** 나는 남한 사람입니다.
135	**norte** 명 북쪽	**Ella es del _____ de España.** 그녀는 스페인 북쪽 출신이다.
136	**aquí** 여기	**Hay mucha gente _____.** 여기에 사람들이 많이 있어.
137	**ahí** 거기	**¿Qué hora es _____?** 거기는 몇 시야?
138	**allí** 저기	**Mi hermano está _____.** 내 남동생은 저기에 있어.

Hint 132 Este 134 Sur

Day 06 방향과 위치

estar와 hay: 있다

두 동사 모두 주어의 위치를 나타낼 수 있지만, hay의 경우 사물의 존재 유무 자체를 표현할 때 쓰입니다.

hay	부정관사(un, una, unos, unas) mucho, mucha, muchos, muchas 무관사 숫자	명사

정관사(el, la, los, las) 지시형용사(este, ese, aquel,…) 소유형용사(mi, tu, su,…)	명사	estar

A: ¿Hay una farmacia por aquí cerca? 여기 근처에 약국이 있나요? (존재)
B: Sí, hay una. 네, 하나 있습니다. (존재)
A: Pues, ¿dónde está la farmacia? 그럼, 그 약국이 어디에 있어요? (위치)
B: La farmacia está al final de la calle. 약국은 이 길 끝에 있습니다. (위치)

 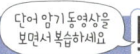 

1. 다음 뜻을 스페인어로 써 보세요.

1 모퉁이 _____   2 여기 _____

3 ~ 위에 _____   4 ~로부터 멀리에 _____

5 동쪽 _____   6 ~ 오른쪽에 _____

2. 다음 스페인어의 뜻을 써 보세요.

1 al fondo de _____

2 norte _____

3 detrás de _____

4 delante de _____

3. 스페인어와 우리말의 뜻을 알맞게 연결해 보세요.

1 ~ 안에 •   ① debajo de

2 ~ 밖에 •   ② dentro de

3 ~ 옆에 •   ③ al lado de

4 ~ 아래에 •   ④ fuera de

---

1 1. esquina   2. aquí   3. encima de/sobre   4. lejos de   5. este   6. a la derecha de   2 1. ~ 끝에   2. 북쪽   3. ~ 뒤에   4. ~ 앞에   3 1. ②   2. ④   3. ③   4. ①

Day 07

공부순서 ☐ MP3 듣기 ➡ ☐ 단어 암기 ➡ ☐ 예문 빈칸 채우기 ➡ ☐ 단어 암기 동영상

규칙변화 동사
-ar/-er/-ir

MP3를 들어보세요

hablar
말하다

comprar
사다

comer
먹다

leer
읽다

abrir
열다

escribir
쓰다

🍁 hablar 말하다

단수			복수		
인칭대명사	어간	어미	인칭대명사	어간	어미
yo	habl-	o	nosotros(-as)	habl-	amos
tú		as	vosotros(-as)		áis
él/ella/Ud.		a	ellos/ellas/Uds.		an

🍁 comer 먹다

단수			복수		
인칭대명사	어간	어미	인칭대명사	어간	어미
yo	com-	o	nosotros(-as)	com-	emos
tú		es	vosotros(-as)		éis
él/ella/Ud.		e	ellos/ellas/Uds.		en

🍁 vivir 살다

단수			복수		
인칭대명사	어간	어미	인칭대명사	어간	어미
yo	viv-	o	nosotros(-as)	viv-	imos
tú		es	vosotros(-as)		ís
él/ella/Ud.		e	ellos/ellas/Uds.		en

※ 규칙변화 동사는 동사의 어간은 변화하지 않고 어미 부분만 주어의 인칭에 따라 변화합니다.

139 **cantar** 노래하다	Amalia ✎ bien. Amalia는 노래를 잘 부릅니다.
140 **trabajar** 일하다	Nosotros mucho. 우리는 열심히 일합니다.
141 **estudiar** 공부하다	Yo español. 나는 스페인어를 공부합니다.
142 **tomar** 먹다, 마시다, 타다	Yo quiero una hamburguesa. 나는 햄버거를 먹고 싶어요.
143 **comprar** 사다	Mi padre un coche nuevo. 나의 아버지는 새 차를 삽니다.
144 **andar** 걷다	¿Te gusta ? 너는 걷는 것을 좋아하니?
145 **pasear** 산책하다	¡Vamos a por el parque! 우리 공원을 산책하자!

Hint 139 canta 140 trabajamos 141 estudio 143 compra

146
viajar
여행하다

Ellos ✏️ a España.
그들은 스페인을 여행합니다.

147
desear
원하다

 hablar en coreano.
우리는 한국어로 말하길 원합니다.

148
beber
마시다

¿Qué quieres ?
너는 무엇을 마시고 싶니?

149
aprender
배우다

¿ japonés estos días?
너희들은 요즘 일본어를 배우니?

150
comprender
이해하다

Yo no nada.
나는 아무것도 이해하지 못합니다.

151
correr
달리다

El futbolista rápidamente.
그 축구 선수는 빠르게 달립니다.

152
leer
읽다

Mi padre periódico.
나의 아버지는 신문을 읽습니다.

Hint 146 viajan 147 Deseamos 149 Aprendéis 150 comprendo 151 corre 152 lee

153 **vender** — 팔다

Ella ✎ _____ fruta.
그녀는 과일을 팔아요.

154 **abrir** — 열다

Mi abuela _____ la puerta.
나의 할머니는 문을 열어요.

155 **escribir** — 쓰다

Mi novio _____ una carta.
내 남자친구는 편지를 씁니다.

156 **subir** — 오르다, 올라가다

¿Te gusta _____ a la montaña?
너는 등산하는 걸 좋아하니?

157 **compartir** — 나누다, 공유하다

Yo _____ piso con los españoles.
나는 스페인 사람들과 아파트를 같이 씁니다.

158 **repartir** — 분배하다

¿Puedes _____ estos libros?
너 이 책들 좀 나눠 줄 수 있니?

159 **convivir** — 함께 살다, 공존하다

_____ no es fácil.
함께 산다는 것은 쉽지 않습니다.

Hint 153 vende 154 abre 155 escribe 157 comparto 159 Convivir 161 cojo

160
- [ ]
- [ ]
- [ ]

decidir
결정하다

No puedo ✏️ nada.
나는 아무것도 결정할 수가 없어.

161
- [ ]
- [ ]
- [ ]

coger
잡다, 타다

Siempre _____ metro para ir a casa.
나는 집에 가기 위해 항상 지하철을 타요.

> coger 동사의 1인칭 변화형은 발음의 변화를 피하기 위해 cogo가 아닌 cojo를 사용합니다.

Tip 1인칭 단수형이 불규칙인 동사

dar	주다	1인칭 단수형	doy
hacer	하다, 만들다	1인칭 단수형	hago
poner	놓다	1인칭 단수형	pongo
coger	잡다, 타다	1인칭 단수형	cojo
traer	가져오다	1인칭 단수형	traigo
salir	나가다	1인칭 단수형	salgo
saber	(지식, 사실, 정보를) 알다	1인칭 단수형	sé
conocer	(사람, 장소를) 알다	1인칭 단수형	conozco
conducir	운전하다	1인칭 단수형	conduzco
traducir	번역하다	1인칭 단수형	traduzco
parecer	~인 것 같다	1인칭 단수형	parezco

플러스 단어

escuchar 듣다
bailar 춤추다
pintar 칠하다, 그림 그리다
nadar 수영하다
tocar 만지다, 연주하다
deber 빚지다, ~해야 한다
temer 두려워하다
pagar 지불하다
tirar 던지다, 버리다
gritar 외치다
llamar 부르다
caminar 걷다
llevar 가지고 가다
enseñar 가르치다

desayunar 아침식사 하다
cenar 저녁식사 하다
reservar 예약하다
cocinar 요리하다
recorrer 순회하다
permitir 허용하다
existir 존재하다
partir 출발하다
describir 묘사하다
descansar 쉬다
practicar 연습하다
bajar 내려가다
limpiar 청소하다
meter 넣다

 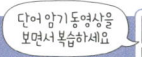 

1 다음 동사의 뜻과 동사변화 형태를 적어 보세요.

comprar 1 _____

	단수		복수
1인칭	2	1인칭	5
2인칭	3	2인칭	6
3인칭	4	3인칭	7

compartir 8 _____

	단수		복수
1인칭	9	1인칭	12
2인칭	10	2인칭	13
3인칭	11	3인칭	14

2 보기의 동사를 골라 문장을 완성하세요.

1 Julio _____ rápidamente.

2 Mi abuelo _____ la ventana.

3 Yo _____ un vaso de agua.

4 Mi hijo _____ español en la universidad.

보기
correr estudiar
abrir   beber

1 1. 사다 2. compro 3. compras 4. compra 5. compramos 6. compráis 7. compran 8. 나누다/공유하다 9. comparto 10. compartes 11. comparte 12. compartimos 13. compartís 14. comparten
2 1. corre 2. abre 3. bebo 4. estudia

Day 07 규칙변화 동사 -ar/-er/-ir 057

Day 08

공부순서 ☐ MP3 듣기 ➡ ☐ 단어 암기 ➡ ☐ 예문 빈칸 채우기 ➡ ☐ 단어 암기 동영상

어간변화 동사 I: e → ie

Te quiero.
사랑해.

querer 원하다, 사랑하다

어미는 규칙적으로 변화하고 어간은 e를 ie로 변화시켜 줍니다. 단, 1인칭 복수형(nosotros)과 2인칭 복수형(vosotros)에서는 어간을 변화시키지 않습니다.

yo	quiero	nosotros(-as)	queremos
tú	quieres	vosotros(-as)	queréis
él/ella/usted	quiere	ellos/ellas/ustedes	quieren

162
empezar
시작하다

¿A qué hora ____ la clase?
수업이 몇시에 시작하나요?

163
comenzar
시작하다

La película ____ a las cinco.
영화는 다섯시에 시작합니다.

164
pensar
생각하다

____ en ti.
나는 너를 생각해.

165
preferir
선호하다

____ el café al té.
나는 차보다 커피를 더 선호합니다.

166
querer
원하다, 사랑하다

____ estudiar español.
우리는 스페인어를 배우고 싶어요.

167
entender
이해하다

No ____ nada.
나는 아무것도 이해하지 못하겠어요.

168
cerrar
닫다

¿Puedes ____ la ventana?
창문 좀 닫아 주겠니?

Hint 162 empieza 163 comienza 164 Pienso 165 Prefiero 166 Queremos 167 entiendo

169
despertar
깨우다

Mi mamá me ✎_____ a las seis.
엄마는 여섯 시에 나를 깨웁니다.

170
regar
물을 주다

Tengo que _____ las flores.
나는 꽃에 물을 줘야 해.

171
tener
가지다

¿Cuántos años _____?
너는 몇 살이야?

172
venir
오다

Ellos _____ mañana.
그들은 내일 와.

173
divertirse
즐기다

_____ _____ de la fiesta.
우리는 파티를 즐깁니다.

174
convertir
변환시키다

Este _____ el sol en la electricidad.
이것은 태양을 전기로 바꿉니다.

175
mentir
거짓말하다

Vosotros _____ mucho.
너희들은 거짓말을 많이 하는구나.

Hint 169 despierta 171 tienes 172 vienen 173 Nos divertimos 174 convierte 175 mentís

176
perder
잃다

No quiero ✏️ la esperanza.
나는 희망을 잃고 싶지 않아.

177
nevar
눈이 내리다

_____ mucho en invierno.
겨울에 눈이 많이 내린다.

> nevar 동사는 늘 3인칭 단수형 nieva만 사용됩니다.

178
merendar
간식을 먹다

_____ dos veces al día.
나는 하루에 두 번 간식을 먹는다.

179
fregar
닦다, 문지르다

Mi padre _____ los platos los fines de semana.
나의 아빠는 주말마다 설거지를 하십니다.

180
sentir
느끼다

Lo _____ mucho.
정말 유감이에요. / 죄송합니다.

181
encender
켜다

¿Puedo _____ la luz?
불 켜도 될까요?

182
calentar
데우다

Ella _____ la leche.
그녀가 우유를 데운다.

Hint 177 Nieva 178 Meriendo 179 friega 180 siento 182 calienta

Day 08 어간변화 동사 I : e → ie

Tip: tener와 venir

tener와 venir는 어간이 변화할 뿐만 아니라 1인칭도 -go로 끝나는 불규칙입니다.

tener 가지다			
단수		복수	
1인칭	tengo	1인칭	tenemos
2인칭	tienes	2인칭	tenéis
3인칭	tiene	3인칭	tienen

venir 오다			
단수		복수	
1인칭	vengo	1인칭	venimos
2인칭	vienes	2인칭	venís
3인칭	viene	3인칭	vienen

예) Yo tengo dos gatos.
나는 고양이 두 마리가 있습니다.

¿Tienes tiempo?
너 시간 있어?

예) ¿A qué hora viene ella?
그녀는 몇 시에 옵니까?

Vengo a casa a las ocho.
나는 8시에 집에 옵니다.

※ 'tener + 명사'를 사용하여 다양한 문장을 만들 수 있어요!

tener frío
춥다

tener calor
덥다

tener hambre
배고프다

tener sed
목마르다

tener prisa
급하다

tener suerte
운이 있다

미니 테스트

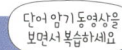

1 다음 동사의 뜻과 동사변화 형태를 적어 보세요.

pensar **1** _____

	단수		복수
1인칭	**2**	1인칭	**5**
2인칭	**3**	2인칭	**6**
3인칭	**4**	3인칭	**7**

tener **8** _____

	단수		복수
1인칭	**9**	1인칭	**12**
2인칭	**10**	2인칭	**13**
3인칭	**11**	3인칭	**14**

2 스페인어와 우리말의 뜻을 알맞게 연결해 보세요.

1 오다 · ① querer

2 원하다, 사랑하다 · ② regar

3 데우다 · ③ calentar

4 물을 주다 · ④ venir

---

1 1. 생각하다 2. pienso 3. piensas 4. piensa 5. pensamos 6. pensáis 7. piensan 8. 가지다
9. tengo 10. tienes 11. tiene 12. tenemos 13. tenéis 14. tienen **2** 1. ④ 2. ① 3. ③ 4. ②

Day 08 어간변화 동사 Ⅰ : e → ie

| 공부순서 | ☐ MP3 듣기 ➡ ☐ 단어 암기 ➡ ☐ 예문 빈칸 채우기 ➡ ☐ 단어 암기 동영상 |

어간변화 동사 Ⅱ: e → i

¿Qué quiere pedir?
무엇을 주문하시겠어요?

Una cerveza, por favor.
맥주 한 잔, 부탁합니다.

🍊 pedir 요구하다, 주문하다

어미는 규칙적으로 변화하고 어간은 e를 i로 변화시켜 줍니다. 단, 1인칭 복수형(nosotros)과 2인칭 복수형(vosotros)에서는 어간을 변화시키지 않습니다.

yo	pido	nosotros(-as)	pedimos
tú	pides	vosotros(-as)	pedís
él/ella/usted	pide	ellos/ellas/ustedes	piden

183
pedir
요구하다, 주문하다

Le _____ al camarero un café.
나는 웨이터에게 커피 한 잔을 주문한다.

184
competir
경쟁하다

Los estudiantes _____ mucho.
학생들은 경쟁을 많이 한다.

185
seguir
쫓다, 따르다

El invierno _____ al otoño.
겨울은 가을 뒤에 온다.

186
conseguir
얻다, 획득하다

Es difícil _____ la fama.
명성을 얻는 것은 어렵다.

187
servir
봉사하다, 제공하다

El camarero _____ un café al cliente.
웨이터가 손님에게 커피를 내온다.

188
elegir
고르다, 선택하다

Ella _____ una corbata roja.
그녀는 빨간색 넥타이를 선택한다.

189
repetir
반복하다

¿Puedes _____ la pregunta?
질문을 다시 말해 줄래?

Hint 183 pido   184 compiten   185 sigue   187 sirve   188 elige

Day 09 어간변화 동사 II : e→i

190
decir
말하다

Mi novio siempre ___ la verdad.
내 남자친구는 항상 진실을 말한다.

191
despedir
작별하다

Ya es la hora de ___.
이제 작별할 시간이다.

192
vestir
옷을 입히다

Ella le ___ la ropa a su bebé.
그녀는 그녀의 아기에게 옷을 입힌다.

193
medir
치수를 재다

¿Cuánto ___?
너 키가 몇이야?

194
freír
(기름에) 볶다, 튀기다

El cocinero ___ las patatas.
요리사가 감자를 기름에 볶는다.

195
reírse
웃다

Las niñas ___ ___.
아이들이 웃는다.

196
sonreír
미소 짓다

La profesora ___ hacia nosotros.
선생님이 우리를 향해 미소 짓는다.

Hint 190 dice 192 viste 193 mides 194 fríe 195 se ríen 196 sonríe

1. 다음 동사의 뜻과 동사변화 형태를 적어 보세요.

pedir 1 _____

	단수		복수
1인칭	2	1인칭	5
2인칭	3	2인칭	6
3인칭	4	3인칭	7

servir 8 _____

	단수		복수
1인칭	9	1인칭	12
2인칭	10	2인칭	13
3인칭	11	3인칭	14

2. 스페인어와 우리말의 뜻을 알맞게 연결해 보세요.

1　미소 짓다　　　·　　　① sonreír

2　경쟁하다　　　·　　　② repetir

3　반복하다　　　·　　　③ conseguir

4　얻다, 획득하다　·　　　④ competir

---

1. 1. 요구하다/주문하다 2. pido 3. pides 4. pide 5. pedimos 6. pedís 7. piden 8. 봉사하다/제공하다 9. sirvo 10. sirves 11. sirve 12. servimos 13. servís 14. sirven **2.** 1.① 2.④ 3.② 4.③

어간변화 동사 III:
o/u → ue

🌰 poder ~할 수 있다

어미는 규칙변화하고 어간은 o/u를 ue로 변화시켜 줍니다. 단 1인칭 복수형(nosotros)과 2인칭 복수형(vosotros)에서는 어간을 변화시키지 않습니다.

yo	p**ue**do	nosotros(-as)	podemos
tú	p**ue**des	vosotros(-as)	podéis
él/ella/usted	p**ue**de	ellos/ellas/ustedes	p**ue**den

197 ☐☐☐ **jugar** 놀다	_____ al fútbol con mis amigos. 나는 친구들과 축구를 합니다.
198 ☐☐☐ **poder** ~할 수 있다	¿_____ cerrar la ventana? 제가 창문을 닫아도 될까요?
199 ☐☐☐ **dormir** 자다	¿Cuántas horas _____ normalmente? 보통 너는 몇 시간 자니?
200 ☐☐☐ **morir** 죽다	Si no comes nada, puedes _____. 너 아무것도 안 먹으면 죽을 수도 있어.
201 ☐☐☐ **volver** 돌아가다	¿Cuándo _____ a Corea? 너 한국에 언제 돌아가니?
202 ☐☐☐ **costar** 비용이 들다	¿Cuánto _____ esta camisa? 이 셔츠 얼마예요?
203 ☐☐☐ **llover** 비가 내리다	_____ mucho ahora. 지금 비가 많이 내린다. ▸ llover 동사는 늘 3인칭 단수형 llueve만 사용됩니다.

Hint 197 Juego　198 Puedo　199 duermes　201 vuelves　202 cuesta　203 Llueve

204 encontrar
발견하다

No _encuentro_ mis gafas.
내 안경을 못 찾겠어.

205 volar
날다

Quiero _____ algún día.
나는 언젠가 날고 싶어.

206 mostrar
보여 주다

Ella _muestra_ su coche nuevo.
그녀가 그녀의 새 차를 보여 준다.

207 resolver
해결하다, 풀다

El jefe _resuelve_ el problema.
사장님이 문제를 해결한다.

208 doler
통증이 있다

Me _duele_ el estómago.
나는 배가 아파.

209 aprobar
합격하다

Puedes _____ el examen.
너는 시험에 합격할 수 있어.

210 recordar
기억하다

Todavía te _recuerdo_.
난 여전히 너를 기억해.

Hint 204 encuentro　206 muestra　207 resuelve　208 duele　210 recuerdo

 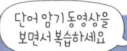 

1 다음 동사의 뜻과 동사변화 형태를 적어 보세요.

poder 1 _____

단수		복수	
1인칭	2	1인칭	5
2인칭	3	2인칭	6
3인칭	4	3인칭	7

dormir 8 _____

단수		복수	
1인칭	9	1인칭	12
2인칭	10	2인칭	13
3인칭	11	3인칭	14

2 스페인어와 우리말의 뜻을 알맞게 연결해 보세요.

1 비용이 들다 ·   ① costar

2 비가 내리다 ·   ② doler

3 놀다 ·   ③ jugar

4 통증이 있다 ·   ④ llover

1 1. ~할 수 있다 2. puedo 3. puedes 4. puede 5. podemos 6. podéis 7. pueden 8. 자다
9. duermo 10. duermes 11. duerme 12. dormimos 13. dormís 14. duermen **2** 1. ① 2. ④ 3. ③
4. ②

Day 11

공부 순서: ☐ MP3 듣기 ➡ ☐ 단어 암기 ➡ ☐ 예문 빈칸 채우기 ➡ ☐ 단어 암기 동영상

나의 하루

MP3를 들어보세요

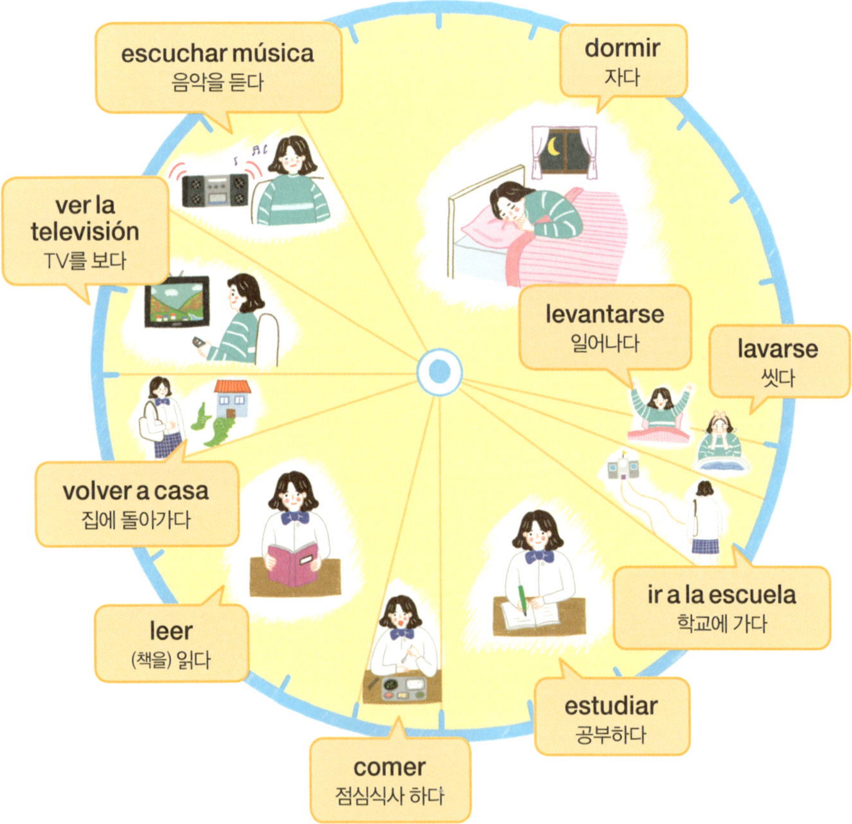

- **escuchar música** 음악을 듣다
- **dormir** 자다
- **ver la televisión** TV를 보다
- **levantarse** 일어나다
- **lavarse** 씻다
- **volver a casa** 집에 돌아가다
- **ir a la escuela** 학교에 가다
- **leer** (책을) 읽다
- **estudiar** 공부하다
- **comer** 점심식사 하다

211
despertarse
잠에서 깨다

Yo ✏️ _____ muy temprano.
나는 매우 일찍 잠에서 깹니다.

212
levantarse
일어나다

¿A qué hora _____ ?
너는 몇 시에 일어나니?

213
lavarse
씻다

_____ las manos antes de comer.
나는 밥 먹기 전에 손을 씻습니다.

214
cepillarse
양치하다

Ella _____ los dientes.
그녀는 양치를 합니다.

215
vestirse
옷을 입다

_____ un traje.
나는 정장을 입는다.

216
ir
가다

_____ a la escuela.
우리는 학교에 갑니다.

217
venir
오다

Mis padres _____ mañana.
부모님께서 내일 오십니다.

Hint 211 me despierto 212 te levantas 213 Me lavo 214 se cepilla 215 Me visto
216 Vamos 217 vienen

Day 11 나의 하루

218 saludar
인사하다

Nos ✎_____ cortésmente.
우리는 정중하게 인사합니다.

219 desayunar
아침식사 하다

¿Qué _____ usted normalmente?
당신은 보통 아침식사로 무엇을 드세요?

220 comer
먹다, 점심식사 하다

Nosotros _____ en un restaurante.
우리는 식당에서 밥을 먹습니다.

221 cenar
저녁식사 하다

¡Vamos a _____ juntos!
우리 같이 저녁 먹자!

222 ver
보다

Yo _____ la televisión con mi familia.
나는 가족과 TV를 봅니다.

223 escuchar
듣다

Me gusta _____ música.
나는 음악 듣는 것을 좋아합니다.

224 leer
읽다

Mi padre _____ periódico todos los días.
나의 아버지는 매일 신문을 읽으십니다.

Hint 218 saludamos 219 desayuna 220 comemos 222 veo 224 lee

225 ducharse 샤워하다	_____ _____ todas las noches. 나는 매일 밤 샤워합니다.
226 bañarse 목욕하다, 해수욕하다	Queremos _____ en el mar. 우리는 해수욕하고 싶어요.
227 maquillarse 화장하다	Mi novia siempre _____ _____. 내 여자친구는 항상 화장을 해요.
228 estudiar 공부하다	¡Vamos a _____ español! 우리 스페인어 공부하자!
229 arreglarse 몸단장하다	Mi hija tarda mucho tiempo en _____. 내 딸은 몸단장하는 데 시간이 오래 걸린다.
230 acostarse 잠자리에 들다	Yo _____ _____ a las once. 나는 11시에 잠자리에 든다.
231 dormir 자다	¿Cuántas horas _____ normalmente? 보통 너는 몇 시간 자니?

Hint **225** Me ducho **226** bañarnos **227** se maquilla **230** me acuesto **231** duermes

플러스 단어

peinarse 머리를 빗다

afeitarse 면도하다

despertador 🔔 자명종

poner la lavadora 세탁기를 돌리다

limpiar 청소하다

cocinar 요리하다

secarse el pelo 머리를 말리다

descansar 쉬다

hacer ejercicio 운동하다

quitarse la ropa 옷을 벗다

Tip
재귀동사 (재귀대명사+동사)

재귀동사는 '재귀대명사+동사'의 형태입니다. 각각의 동사변화 앞에 인칭에 맞는 재귀대명사를 붙여 동사의 행위가 주어 자기 자신에게 돌아오도록 의미를 만듭니다.

💛 동사 (bañar: 목욕시키다)

예) **Juan baña al perro.** Juan은 개를 목욕시킵니다.

💛 재귀동사 (bañarse: 목욕하다)

재귀대명사	
me	nos
te	os
se	se

+ 동사(bañar)

예) **Juan se baña.** Juan은 목욕을 합니다.

미니 테스트

단어 암기 동영상을
보면서 복습하세요

1 다음 재귀동사의 뜻과 동사변화 형태를 적어 보세요.

levantarse 1 _____

	단수		복수
1인칭	2	1인칭	5
2인칭	3	2인칭	6
3인칭	4	3인칭	7

acostarse 8 _____

	단수		복수
1인칭	9	1인칭	12
2인칭	10	2인칭	13
3인칭	11	3인칭	14

2 의미에 맞는 구문이 되도록 연결해 보세요.

1 cepillarse · ① la lavadora

2 secarse · ② los dientes

3 cenar · ③ el pelo

4 poner · ④ en un restaurante

1 1. 일어나다 2. me levanto 3. te levantas 4. se levanta 5. nos levantamos 6. os lavantáis
7. se levantan 8. 잠자리에 들다 9. me acuesto 10. te acuestas 11. se acuesta 12. nos acostamos
13. os acostáis 14. se acuestan **2** 1. ② 2. ③ 3. ④ 4. ①

Day 12

공부순서 ☐ MP3 듣기 ➡ ☐ 단어 암기 ➡ ☐ 예문 빈칸 채우기 ➡ ☐ 단어 암기 동영상

학교에서

mesa
책상

silla
의자

libro
책

cuaderno
공책

bolígrafo
볼펜

lápiz
연필

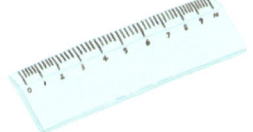

borrador
지우개

regla
자

estuche
필통

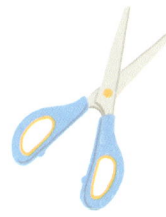

papel
종이

tijeras
가위

celo
스카치테이프

tiza
분필

pizarra
칠판

cartelera
게시판

232
escuela
학교

Voy a la ✏️ _____.
나는 학교에 갑니다.

233
estudiante
명 여 학생

Los _____ son buenos.
학생들은 착합니다.

234
profesor⁽ᵃ⁾
선생님

La _____ es inteligente.
선생님은 똑똑합니다.

235
tarea
숙제

Hoy no hay _____.
오늘은 숙제가 없습니다.

236
entrar
들어가다, 입학하다

Ella va a _____ en la universidad.
그녀는 대학에 들어갈 예정입니다.

237
graduarse
졸업하다

Yo _____ _____ este febrero.
올 2월에 나는 졸업합니다.

238
enseñar
가르치다

Él _____ español.
그는 스페인어를 가르칩니다.

Hint　233 estudiantes　234 profesora　237 me graduo　238 enseña

239
clase
여 교실

La ✎ está limpia.
교실이 깨끗합니다.

240
aula
강의실

¿Dónde está el 201?
201 강의실은 어디에 있나요?

> aula는 여성 명사이지만 발음의 혼동을 피하기 위하여 la가 아닌 el로 관사를 붙여 줍니다.

241
asignatura
과목

¿Cuál es tu favorita?
네가 가장 좋아하는 과목이 뭐야?

242
diccionario
사전

Necesito el .
나는 사전이 필요해.

243
contestar
대답하다

Ellos a las preguntas.
그들은 질문에 대답하다.

244
preguntar
질문하다

¿Puedo ?
제가 질문해도 될까요?

245
aprender
배우다

¿ inglés estos días?
너희들은 요즘 영어를 배우니?

Hint 243 contestan   245 Aprendéis

246
comprender
이해하다

No lo ✎ _____.
나는 그것을 이해하지 못하겠어요.

247
examen
⊗ 시험

Tenemos _____ este viernes.
이번 주 금요일에 우리는 시험이 있어.

248
llamar
부르다

Voy a _____ los nombres.
이름을 부르겠습니다.

249
nota
성적

Saco buenas _____.
나는 성적이 좋습니다.

250
empezar
시작하다

¿A qué hora _____ la clase?
몇 시에 수업이 시작하지?

251
terminar
끝나다

La clase de inglés _____ a las cinco.
영어 수업은 다섯 시에 끝납니다.

252
repasar
복습하다

Tenéis que _____ en casa.
너희들은 집에서 복습해야 해.

Hint 246 comprendo 249 notas 250 empieza 251 termina 256 difíciles

253
memorizar
외우다

Tengo que ✏️ estas palabras.
나는 이 단어들을 암기해야 합니다.

254
universidad
ⓕ 대학교

Ella estudia en la _____ de ABC.
그녀는 ABC대학교에서 공부합니다.

255
fácil
쉬운

El español es _____.
스페인어는 쉽습니다.

256
difícil
어려운

Las matemáticas son _____.
수학은 어렵습니다.

Tip 과목

español 스페인어	periodismo 신문학	educación física 체육
química 화학	literatura 문학	geografía 지리학
filosofía 철학	arte 미술	matemáticas 수학
coreano 한국어	veterinaria 수의학	psicología 심리학
biología 생물학	historia 역사	arqueología 고고학
ingeniería 공학	música 음악	ciencia 과학
inglés 영어	medicina 의학	economía 경제학
política 정치학	sociología 사회	lingüística 언어학

플러스 단어

guardería 어린이집, 보육원
escuela de párvulos 유치원
escuela primaria 초등학교
escuela secundaria 중학교
bachillerato 고등학교
cafetería 식당, 급식실
residencia 기숙사
academia 학원
educación 여 교육
informe 남 보고서, 리포트
beca 장학금
examen parcial 남 중간고사
examen final 남 기말고사
examen oral 남 회화 시험
lista de notas 성적표

aprobar 합격하다
suspender 낙제하다
estudiante de intercambio 남여 교환학생
estudiar en el extranjero 유학하다
vacaciones 여복 방학
excursión 여 소풍
club 남 동아리, 클럽
carrera 전공
fiesta deportiva 운동회
graduación 여 졸업
reunión de antiguos alumnos 여 동창회
asistir a ~에 출석하다, 참석하다
faltar la clase 결석하다

미니 테스트

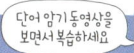

1 다음 뜻을 스페인어로 써 보세요.

1 숙제 _____ 2 이해하다 _____

3 가르치다 _____ 4 장학금 _____

5 성적 _____ 6 합격하다 _____

2 다음 스페인어 단어의 뜻을 써 보세요.

1 literatura _____

2 repasar _____

3 asignatura _____

4 carrera _____

3 스페인어와 우리말의 뜻을 알맞게 연결해 보세요.

1 asistir a la clase •   ① 교환학생

2 fiesta deportiva •   ② 수업에 출석하다

3 estudiante de intercambio •   ③ 중간고사

4 examen parcial •   ④ 운동회

---

1 1. tarea 2. comprender 3. enseñar 4. beca 5. nota 6. aprobar **2** 1. 문학 2. 복습하다 3. 과목 4. 전공 **3** 1. ② 2. ④ 3. ① 4. ③

Day 12 학교에서 085

Day 13

회사에서

trabajar
일하다

cansado(-a)
피곤한

ocupado(-a)
바쁜

sueldo
월급

currículum
이력서

contabilidad
회계

257
empresa
회사

¿Dónde está su _____?
당신의 회사는 어디에 있어요?

258
oficina
사무실

Hay ocho personas en mi _____.
나의 사무실에는 8명의 사람이 있어요.

259
trabajo
일, 업무

Tengo mucho _____.
나는 일이 너무 많아요.

260
trabajar
일하다

Tenemos que _____ hasta la noche.
우리는 밤까지 일해야만 합니다.

261
documento
서류

Necesito este _____.
나는 이 서류가 필요합니다.

262
reunión
여 회의

¿A qué hora termina la _____?
회의가 몇 시에 끝나더라?

263
viaje de negocios
남 출장

Mañana tengo _____.
내일 나는 출장이 있어.

264
cansado(-a)
피곤한

Los empleados están ____.
직원들은 피곤합니다.

265
ocupado(-a)
바쁜

Mi padre siempre está ____.
나의 아버지는 항상 바쁘셔요.

266
jefe(-a)
상사, 사장

El ____ es muy exigente.
사장님은 매우 많은 것을 요구하신다.

267
compañero(-a) **de trabajo**
직장 동료

Mi ____ ____ es simpática.
내 직장 동료는 친절해요.

268
sueldo
월급

Quiero que me suban el ____.
월급 좀 올려 주면 좋겠다.

269
explicar
설명하다

¿Puedes ____ los datos?
이 데이터 설명해 줄 수 있니?

270
comprobar
확인하다

Tenéis que ____ la máquina.
너희들은 기계를 확인해야 해.

Hint 264 cansados 265 ocupado 266 jefe 267 compañera de trabajo

271
tarjeta de presentación
명함

Aquí tiene mi _____.
여기 제 명함입니다.

272
trabajo nocturno
야간 근무

No me gusta el _____.
나는 야간 근무가 싫어.

273
descansar
쉬다, 휴식을 취하다

Es muy importante _____.
쉬는 것은 매우 중요합니다.

274
ascenso
승진

¡Vamos a celebrar tu _____!
너의 승진을 축하하자!

275
carta de dimisión
사표

He escrito la _____.
나는 사표를 썼어.

276
despedir
해고하다

Me van a _____ pronto.
나는 곧 해고당할 거야.

277
emplear
고용하다

Necesitamos _____ a nueva secretaria.
우리는 새로운 비서를 고용해야 해.

플러스 단어

empresario(-a) 기업가

compañía 회사, 기업

despacho 사무실

currículo 이력서

entrevista de trabajo 여 면접

contratar 계약하다

servicio 서비스

jornada completa 풀타임

media jornada 파트타임

salario anual 연봉

enviar 보내다

correo electrónico 메일

desempleo 실업

ganar la vida 생계를 유지하다

empleador(a) 고용주

empleado(-a) 피고용인, 직원

convocatoria 모집 요강, 전형

horario 시간표

departamento 부서

confidencial 기밀의

traslado 인사이동, 전근

dirigir 지휘하다, 감독하다

administración 여 경영

contabilidad 여 회계

dejar un recado 메모를 남기다

salir temprano de la oficina
조퇴하다

colaboración 여 협력

federación 여 협회

asociación 여 제휴, 조합

미니 테스트
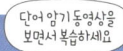

1 다음 뜻을 스페인어로 써 보세요.

1 직장 동료 _____ 2 회의 _____

3 상사, 사장 _____ 4 이력서 _____

5 면접 _____ 6 계약하다 _____

2 다음 스페인어의 뜻을 써 보세요.

1 confidencial _____

2 ganar la vida _____

3 administración _____

4 empresa _____

3 스페인어와 우리말의 뜻을 알맞게 연결해 보세요.

1 협력　·　　　① desempleo

2 월급　·　　　② ascenso

3 승진　·　　　③ sueldo

4 실업　·　　　④ colaboración

---

1 1. compañero(-a) de trabajo 2. reunión 3. jefe(-a) 4. currículum/currículo 5. entrevista de trabajo 6. contratar **2** 1. 기밀의 2. 생계를 유지하다 3. 경영 4. 회사 **3** 1.④ 2.③ 3.② 4.①

계절과 날씨

Hace buen tiempo.
날씨가 좋다.

Hace mal tiempo.
날씨가 나쁘다.

Llueve.
비가 내린다.

Nieva.
눈이 내린다.

Hace viento.
바람이 분다.

Está nublado.
구름이 꼈다.

278 **tiempo**
날씨

¿Qué ✎ hace hoy?
오늘 날씨가 어때?

279 **estación**
여 계절

En Corea hay cuatro ____.
한국에는 사계절이 있습니다.

280 **primavera**
봄

Me gusta la ____.
나는 봄을 좋아해.

281 **verano**
여름

Mi estación favorita es ____.
내가 가장 좋아하는 계절은 여름입니다.

282 **otoño**
가을

En ____ hace fresco.
가을에는 날씨가 선선합니다.

283 **invierno**
겨울

En ____ hace frío.
겨울에는 날씨가 춥습니다.

284 **cielo**
하늘

El ____ es azul.
하늘은 파랗다.

Hint 279 estaciones

285	**despejado**(-a) 맑은, 갠	El cielo está ____. 하늘이 개었습니다.
286	**nublado**(-a) 구름이 낀, 흐린	Todavía el cielo está ____. 아직 하늘이 흐립니다.
287	**lluvia** 비	No puedo ir a casa por la ____. 비 때문에 나는 집에 갈 수가 없어.
288	**chubasco** 소나기	Cae un ____. 소나기가 내립니다.
289	**nieve** ㈎ 눈	Hay ____ en la montaña. 산에 눈이 있습니다.
290	**nevado**(-a) 눈이 덮인	La calle está ____. 길에 눈이 덮여 있습니다.
291	**paraguas** ㈚ 우산	¿Tienes ____? 너 우산 있어?

Hint 285 despejado   286 nublado   290 nevada

292
nube
(동) 구름

Hay ✏️ .
구름이 꼈네.

293
niebla
안개

Hay　　　　esta mañana.
오늘 아침에 안개가 있어.

294
estrella
별

El cielo está lleno de　　　　.
하늘이 별로 가득하다.

295
luna
달

No se ve la　　　　.
달이 보이지 않아.

296
sol
(동) 태양

Hace mucho　　　　en verano.
여름엔 해가 매우 쨍쨍해.

297
pronóstico
일기예보

Según el　　　　, hoy hace calor.
일기예보에 따르면 오늘은 날씨가 덥습니다.

298
temperatura
온도

La　　　　es muy alta.
온도가 매우 높아요.

Hint　292 nubes　294 estrellas

Day 14 계절과 날씨

플러스 단어

fresco 시원함, 선선함

claro(-a) 밝은

oscuro(-a) 어두운

granizo 우박

tifón (남) 태풍

tormenta 폭풍우

relámpago 번개

trueno 천둥

madrugada 새벽

ventilador (남) 선풍기

aire acondicionado (남) 에어컨

calefacción (여) 난방기

hielo 얼음

hojas caídas (복) 낙엽

calor (남) 더위

frío 추위

sofocante 질식시키는

abanico 부채

vacaciones (여)(복) 바캉스, 휴가

soplar (바람이) 불다

humedad (여) 습기

húmedo(-a) 습한

seco(-a) 건조한

temporada alta 성수기

temporada baja 비수기

terremoto 지진

clima (남) 기후

estrella fugaz 별똥별

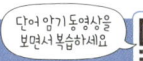

1 다음 뜻을 스페인어로 써 보세요.

1 눈 _____   2 온도 _____

3 날씨 _____   4 태풍 _____

5 겨울 _____   6 에어컨 _____

2 다음 스페인어의 뜻을 적고 반대되는 단어를 스페인어로 써 보세요.

	뜻	반대말
1 calor		
2 seco(-a)		
3 oscuro(-a)		
4 temporada alta		

3 스페인어와 우리말의 뜻을 알맞게 연결해 보세요.

1 맑은, 갠 · · ① niebla

2 지진 · · ② despejado(-a)

3 안개 · · ③ nube

4 구름 · · ④ terremoto

---

1 1. nieve 2. temperatura 3. tiempo 4. tifón 5. invierno 6. aire acondicionado   2 1. 더위, frío 2. 건조한, húmedo(-a) 3. 어두운, claro(-a) 4. 성수기, temporada baja   3 1. ② 2. ④ 3. ① 4. ③

Day 15

  공부순서 ☐ MP3 듣기 ➡ ☐ 단어 암기 ➡ ☐ 예문 빈칸 채우기 ➡ ☐ 단어 암기 동영상

동물과 식물

🎧 MP3를 들어보세요

perro
개

gato
고양이

conejo
토끼

vaca
소

caballo
말

cerdo
돼지

299
animal
⊜ 동물

Me gustan los ___.
나는 동물을 좋아합니다.

300
pájaro
새

Más vale ___ en mano que ciento volando.
손 안의 한 마리 새가 나는 새 백 마리보다 낫다.

301
pez
⊜ 물고기

Hay muchos ___.
물고기가 많이 있습니다.

302
insecto
벌레

Ha entrado un ___ en la habitación.
방에 벌레가 들어왔어.

303
planta
식물

La ___ está muriendo.
식물이 죽어 가고 있어.

304
naturaleza
자연

Me interesa la ___.
나는 자연에 관심이 있습니다.

305
montaña
산

¡Vamos a subir a la ___!
우리 산에 오르자!

Hint 299 animales 301 peces

306	río 강	Los niños nadan en el ____. 아이들이 강에서 수영합니다.
307	bosque 명 숲	El ____ es muy hermoso. 숲이 매우 아름다워요.
308	árbol 명 나무	Plantamos ____ en el jardín. 우리는 정원에 나무들을 심어요.
309	flor 여 꽃	Mi novio me regala una ____. 내 남자친구는 나에게 꽃 한 송이를 선물합니다.
310	gallo 수탉	Me dan miedo los ____. 난 닭이 무서워. ▸ gallina 암탉
311	mascota 애완동물	Quiero tener ____. 나는 애완동물을 갖고 싶어.
312	medio ambiente (자연) 환경	Tenemos problemas de ____ ____. 우리에겐 환경 문제가 있다.

Hint 308 árboles 310 gallos

313
mar
명 여 바다

Hay contaminación en el ____.
바다가 오염되었어.

314
regar
물을 주다

Tienes que ____ una vez a la semana.
너는 일주일에 한 번 물을 줘야 해.

315
florecer
꽃이 피다

En primavera ____.
봄에는 꽃이 핍니다.

316
criar
기르다, 키우다

Mi abuelo ____ dos pájaros.
나의 할아버지는 새 두 마리를 키우십니다.

317
cultivar
재배하다

____ el cactus es fácil.
선인장을 기르는 것은 쉽습니다.

318
protección
여 보호

La ____ de los animales es importante.
동물 보호는 중요합니다.

319
respetar
존중하다, 소중히 여기다

Hay que ____ el medio ambiente.
자연 환경을 보호해야 합니다.

Hint 315 florecen 316 cria 317 Cultivar

플러스 단어

tigre 남 호랑이
(**tigresa** 암호랑이)

león 남 사자
(**leona** 암사자)

elefante 남 코끼리

ratón 남 쥐

serpiente 여 뱀

mono(-a) 원숭이

zorro(-a) 여우

oso 곰

panda 남 판다

paloma 비둘기

cuervo 까마귀

golondrina 제비

gorrión 남 참새

rana 개구리

abeja 벌

hormiga 개미

mosquito 모기

mariposa 나비

mosca 파리

libélula 잠자리

cigarra 매미

rosa 장미

clavel 남 카네이션

tulipán 남 튤립

hierba 풀, 허브

césped 남 잔디

girasol 남 해바라기

pino 소나무

미니 테스트

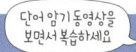

1 다음 뜻을 스페인어로 써 보세요.

1 자연 _____   2 돼지 _____

3 토끼 _____   4 (자연) 환경 _____

5 벌 _____   6 물을 주다 _____

2 다음 단어의 뜻을 적고 여성형을 스페인어로 써 보세요.

	뜻	여성형
1 tigre	_____	_____
2 león	_____	_____
3 gallo	_____	_____
4 zorro	_____	_____

3 스페인어와 우리말의 뜻을 알맞게 연결해 보세요.

1 나비   •   ① libélula

2 곰   •   ② mariposa

3 뱀   •   ③ oso

4 잠자리   •   ④ serpiente

---

1 1. naturaleza 2. cerdo 3. conejo 4. medio ambiente 5. abeja 6. regar **2** 1. 호랑이, tigresa 2. 사자, leona 3. 닭, gallina 4. 여우, zorra **3** 1. ② 2. ③ 3. ④ 4. ①

식생활

- **mantel** 식탁보
- **taza** 찻잔
- **copa** 와인 잔
- **vaso** 컵
- **servilleta** 냅킨
- **plato** 접시
- **cuchara** 숟가락
- **tenedor** 포크
- **cuchillo** 나이프

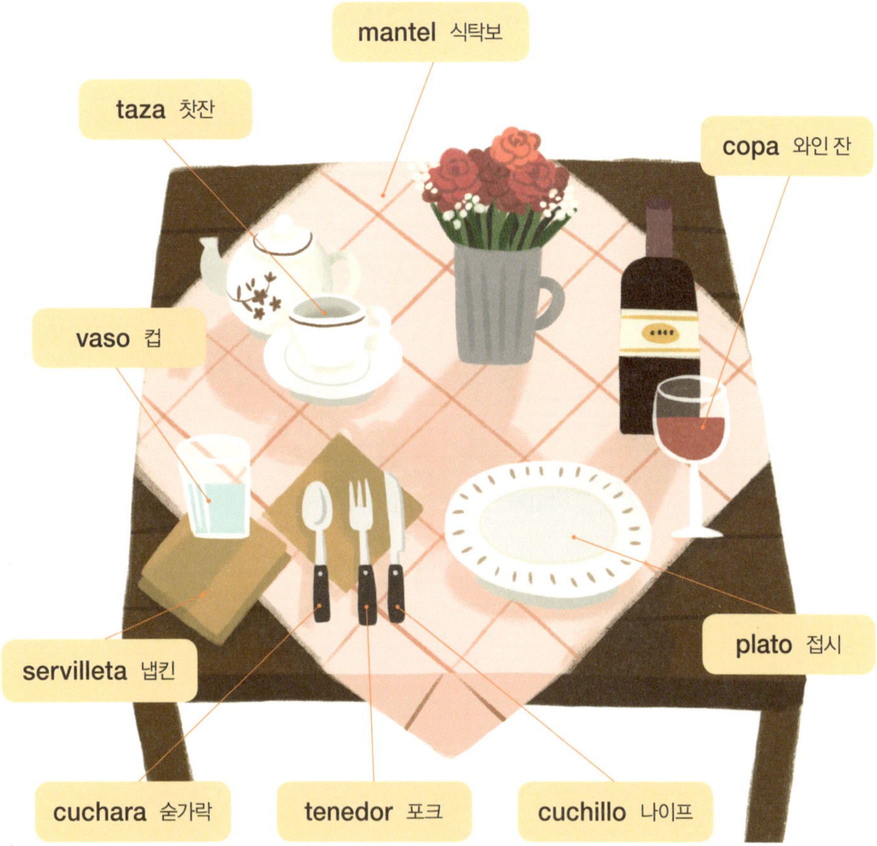

| 320 **desayuno** 아침식사 | ¿Está incluido el _____? 아침식사가 포함되어 있나요? |

| 321 **comida** 음식, 점심식사 | Me gusta la _____ mexicana. 나는 멕시코 음식을 좋아해. |

| 322 **cena** 저녁식사 | Tenemos una _____ especial. 오늘 우리는 특별한 저녁식사가 있어. |

| 323 **pan** 남 빵 | ¿Hay _____ en casa? 집에 빵이 있던가? |

| 324 **arroz** 남 쌀 | Se cocina paella con _____. 빠에야는 쌀로 만듭니다. |

| 325 **carne** 여 고기 | Ella no come _____. 그녀는 고기를 안 먹어요. |

| 326 **pescado** 생선 | Me encanta el _____ crudo. 나는 생선회를 정말 좋아해. |

327
agua
물

Quiero tomar ✎ _____ ahora mismo.
나는 지금 당장 물을 마시고 싶어.

328
vino
와인

Él compra una botella de _____.
그는 와인 한 병을 삽니다.

329
cerveza
맥주

¿Quieres tomar una _____?
맥주 한잔할래?

330
verdura
채소

Tenéis que comer más _____.
너희는 채소를 더 먹어야 해.

331
fruta
과일

¿Cuál es tu _____ favorita?
네가 가장 좋아하는 과일이 뭐야?

332
postre
🔊 후식

¿Qué va a tomar de _____?
후식으로는 무엇을 드시겠어요?

333
queso
치즈

Este _____ huele mucho.
이 치즈는 냄새가 많이 난다.

334
marisco
해산물

Tengo alergia al _____.
나는 해산물에 알레르기가 있어.

335
bebida
음료

La _____ no está incluida.
음료는 포함되어 있지 않습니다.

336
sal
(여) 소금

¿Me puedes pasar la _____?
나한테 소금 좀 건네줄래?

337
azúcar
(남) 설탕

Un té con leche sin _____, por favor.
설탕 빼고 밀크티 한 잔 부탁합니다.

338
menú
(남) 메뉴

¡Vamos a ver el _____!
우리 메뉴를 보자!

339
cuenta
계산서

¡La _____, por favor!
계산서 가져다주세요!

340
restaurante
(남) 식당

¿Hay algún _____ bueno cerca de aquí?
근처에 괜찮은 식당이 있나요?

Day 16 식생활

Tip 자주 먹는 과일, 채소, 해산물, 음료, 주류

과일

manzana 사과	pera 배	melocotón 복숭아	plátano 바나나
sandía 수박	naranja 오렌지	fresa 딸기	mandarina 귤
uva 포도	melón 멜론	piña 파인애플	mango 망고
ciruela 자두	cereza 체리	toronja 자몽	limón 레몬

채소

patata 감자	batata 고구마	cebolla 양파	ajo 마늘
champiñon 버섯	zanahoria 당근	espinaca 시금치	lechuga 양상추
tomate 토마토	pepino 오이	frijol 강낭콩	calabaza 호박

해산물

atún 참치	salmón 연어	calamar 오징어	pulpo 문어
gamba 새우	almeja 조개	mejillón 홍합	bacalao 대구
cangrejo 바닷게	alga 미역	langosta 가재	anguila 장어

음료, 주류

agua mineral 생수	agua con gas 탄산수	leche 우유	chocolate caliente 핫초코
té 차	té verde 녹차	té negro 홍차	café 커피
cola 콜라	limonada 레몬에이드	vino tinto 레드와인	vino blanco 화이트와인
cerveza 맥주	sangría 상그리아	tequila 데킬라	sidra 사과주

 스페인 음식

bocadillo
스페인식 샌드위치

tortilla española
스페인식 또르띠야

jamón
하몬

gambas al ajillo
마늘소스 새우 요리

chorizo
초리소(스페인식 순대)

turrón
뚜론(스페인식 엿)

paella
빠에야

gazpacho
가스파초(차가운 수프)

horchata
오르차타(선롱 음료)

churros
추로스

tapas
타파스(한입거리 음식, 안주)

sangría
상그리아(과일주)

플러스 단어

ensalada 샐러드

sopa 수프

merienda 간식

flan 남 푸딩

pastel 남 케익

zumo 주스

pollo 닭고기

carne de ternera 여 소고기

carne de cerdo 여 돼지고기

pimienta 후추

huevo 계란

cereales 남 복 시리얼

tostada 토스트

helado 아이스크림

salsa 소스

salsa de soja 간장

vinagre 남 식초

aceite 남 기름

aceituna 올리브

mermelada 잼

ingrediente 남 재료

receta 레시피

cocina 주방

cocinar 요리하다

picar 집어먹다

cortar 자르다

freír 볶다, 튀기다

hervir 끓이다

Tip 맛에 대한 표현

dulce 달콤한
salado(-a) 짠
amargo(-a) 쓴

ácido(-a) 신
picante 매운
delicioso(-a) 맛있는

미니 테스트

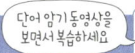

1 다음 뜻을 스페인어로 써 보세요.

1 음료 _____   2 감자 _____

3 후식 _____   4 계란 _____

5 계산서 _____   6 쌀 _____

2 다음 스페인어 단어의 뜻을 써 보세요.

1 manzana _____

2 melocotón _____

3 marisco _____

4 carne _____

3 스페인어와 우리말의 뜻을 알맞게 연결해 보세요.

1 양파   ·   ① mantel

2 시금치 ·   ② cuchara

3 식탁보 ·   ③ espinaca

4 숟가락 ·   ④ cebolla

1 1. bebida 2. patata 3. postre 4. huevo 5. cuenta 6. arroz   **2** 1. 사과 2. 복숭아 3. 해산물 4. 고기   **3** 1. ④ 2. ③ 3. ① 4. ②

Day 17

공부순서 ☐ MP3 듣기 ➡ ☐ 단어 암기 ➡ ☐ 예문 빈칸 채우기 ➡ ☐ 단어 암기 동영상

여행

MP3를 들어보세요

montaña
산

mar
바다

desierto
사막

isla
섬

avión
비행기

aeropuerto
공항

341
viaje
몡 여행

Voy de ✎ _____ la semana que viene.
저는 다음 주에 여행을 갑니다.

342
paisaje
몡 경치, 풍경

Tomo café viendo el _____.
저는 경치를 보면서 커피를 마셔요.

343
itinerario
몡 일정

¿Podría saber el _____ del viaje?
여행 일정 좀 알 수 있을까요?

344
reservar
예약하다

Quisiera _____ una habitación.
방을 예약하고 싶은데요.

345
hotel
몡 호텔

Este _____ es de cinco estrellas.
이 호텔은 5성급이에요.

346
hostal
몡 호스텔

¿Qué tal si nos quedamos en un _____?
우리 호스텔에서 묵는 게 어때?

347
alojamiento
숙박 시설

¿Qué tipo de _____ prefieres?
넌 어떤 종류의 숙박 시설을 선호해?

348 cambiar
변경하다

¿Se puede ✎ _____ el hotel?
호텔 변경이 가능합니까?

349 lugar
⑨ 장소

¿Hay algún _____ famoso?
유명한 장소가 있나요?

350 decidir
결정하다

_____ cuándo salimos del viaje.
우리 언제 여행을 떠날지 결정하자.

351 cancelar
취소하다

Si _____ el viaje, hay comisión.
만약 네가 여행을 취소하면 수수료가 있어.

352 plan
⑨ 계획

¿Qué _____ tienes para las Navidades?
크리스마스에는 어떤 계획이 있어?

353 experiencia
경험

El viaje fue una _____ inolvidable.
여행은 잊지 못할 경험이었어.

354 extranjero(-a)
외국인

¿Hay un mapa para los _____ ?
외국인들을 위한 지도가 있습니까?

Hint 350 Decidimos 351 cancelas 354 extranjeros

355
mochila
배낭

No cabe todo en mi _____.
내 가방에 다 안 들어가.

356
maleta
캐리어, 여행 가방

Tengo que comprar una _____ nueva.
나 새 캐리어를 사야 해.

357
agencia de viajes
여행사

Voy a preguntarlo a la _____.
내가 여행사에다가 그거 물어볼게.

358
guía
🔵🔴 가이드

Hace 10 años que ella trabaja de _____.
그녀가 가이드로 일한 지 10년째야.

359
oferta
특가, 제공

¡Hay última _____ de vuelos!
마지막 비행기 특가가 있어!

360
monumento
기념비

Me gusta visitar los _____.
나는 기념비들을 방문하는 것을 좋아합니다.

361
turista
🔵🔴 관광객

Hay muchos _____ en Barcelona.
바르셀로나에는 관광객이 많아요.

Hint 360 monumentos 361 turistas

Day17 여행

플러스 단어

vacaciones 여복 휴가, 방학

excursión 여 소풍

luna de miel 신혼여행

viaje con mochila 남 배낭여행

vuelta al mundo 세계 일주

recorrer 순회하다

recuerdo 기념품

producto típico 특산품

viaje organizado 남 패키지 여행

desierto 사막

isla 섬

visitante 남여 방문객

museo 박물관

torre 여 탑

puente 남 다리

alquilar 임대하다

alquilar el coche 차를 렌트하다

aventura 모험

acampar 야영하다

dormitorio 침실

albergue 남 알베르게(순례자 전용 숙소)

sacar fotos 사진을 찍다

folleto 팸플릿

mapa 남 지도

recepcionista 남여 (호텔) 접수원

marear 멀미하다

barco 배

mirador 남 전망대

 **미니 테스트**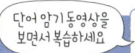

1 다음 뜻을 스페인어로 써 보세요.

1 숙박 시설 _____   2 배낭 _____

3 소풍 _____   4 가이드 _____

5 신혼여행 _____   6 전망대 _____

2 다음 스페인어 단어의 뜻을 써 보세요.

1 reservar _____

2 cambiar _____

3 decidir _____

4 cancelar _____

3 스페인어와 우리말의 뜻을 알맞게 연결해 보세요.

1 특가, 제공 •   ① museo

2 박물관 •   ② recuerdo

3 기념품 •   ③ oferta

4 지도 •   ④ mapa

---

1 1. alojamiento 2. mochila 3. excursión 4. guía 5. luna de miel 6. mirador **2** 1. 예약하다 2. 변경하다 3. 결정하다 4. 취소하다 **3** 1. ③ 2. ① 3. ② 4. ④

Day 18

공부순서: ☐ MP3 듣기 ➡ ☐ 단어 암기 ➡ ☐ 예문 빈칸 채우기 ➡ ☐ 단어 암기 동영상

의복과 미용

MP3를 들어보세요

falda
치마

zapatos
신발, 구두

bufanda
목도리

blusa
블라우스

chaqueta
재킷

medias
스타킹

362 ropa
옷

La ___ es elegante.
옷이 우아합니다.

363 vestirse
옷을 입다

Ella ___ antes de salir.
그녀는 나가기 전에 옷을 입습니다.

364 ponerse
입다, 착용하다

Mi abuelo siempre ___ un sombrero.
나의 할아버지는 항상 모자를 쓰세요.

365 quitarse
벗다

Al entrar, tenéis que ___ los zapatos.
들어갈 때 너희들은 신발을 벗어야 해.

366 pantalones
남복 바지

Te quedan bien los ___ .
바지가 너에게 잘 어울린다.

367 camisa
셔츠

Él compra una ___ nueva.
그는 새 셔츠를 삽니다.

368 blusa
블라우스

¿Puedo probarme esta ___ ?
이 블라우스를 입어 봐도 될까요?

Hint 363 se viste 364 se pone 365 quitaros

369 camiseta
티셔츠

Prefiero la ✎_____ roja.
나는 빨간 티셔츠를 선호해.

370 falda
치마

Me queda estrecha la _____.
치마가 나에게 꽉 낍니다.

371 vestido
원피스

Quiero comprar un _____ para la fiesta.
파티를 위한 원피스를 사고 싶어.

372 talla
(옷) 사이즈

¿No hay la _____ 38?
38사이즈 없나요?

373 número
숫자, (신발) 사이즈

¿Qué _____ calza usted?
당신의 신발 사이즈는 무엇인가요?

374 zapatos
⊛ 신발, 구두

Estos _____ son demasiado caros.
이 구두는 지나치게 비싸네요.

375 ropa interior
속옷

No te preocupes, no se ve la _____ _____.
걱정 마. 속옷 안 보여.

376	**calcetines** 남·복 양말	Necesito unos ✏️ _____ largos. 나 긴 양말이 필요해.
377	**medias** 복 스타킹	Ella lleva unas _____ blancas. 그녀는 하얀색 스타킹을 신고 있습니다.
378	**abrigo** 외투	¿Dónde está mi _____ ? 내 외투 어디에 있죠?
379	**chaqueta** 재킷	La _____ está en el armario. 재킷은 옷장에 있습니다.
380	**traje** 남 정장	Su _____ es viejo. 그의 정장은 낡았습니다.
381	**pijama** 남 잠옷	Los niños se ponen el _____. 아이들이 잠옷을 입습니다.
382	**moda** 유행	La minifalda está de _____. 미니스커트가 유행이에요.

Day 18 의복과 미용

플러스 단어

estilo 스타일
bolso 가방
anillo 반지
pulsera 팔찌
collar 목걸이
pendientes 귀걸이
reloj 시계
cartera 지갑
ir de compras 쇼핑 가다
centro comercial 쇼핑 센터
tienda de ropa 옷 가게
gafas 안경
gafas de sol 선글라스
corbata 넥타이

bufanda 목도리
pañuelo 스카프, 손수건
botas 부츠
chaleco 조끼
sombrero 중절모
gorro 모자
gorra 캡모자
chándal 운동복
sujetador 브래지어
bragas 팬티
traje de baño 수영복
cinturón 벨트
bolsillo 주머니
zapatos de tacón alto 하이힐

Tip 화장품

perfume 향수
maquillaje 화장품
pintalabios 립스틱
pintauñas  매니큐어

rimel 마스카라
crema 크림
tónico 스킨
loción 로션

미니 테스트

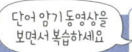

1 다음 뜻을 스페인어로 써 보세요.

1 바지 _____   2 목도리 _____

3 원피스 _____   4 유행 _____

5 옷 가게 _____   6 쇼핑센터 _____

2 다음 스페인어 단어의 뜻을 써 보세요.

1 camisa _____

2 camiseta _____

3 calcetines _____

4 medias _____

3 스페인어와 우리말의 뜻을 알맞게 연결해 보세요.

1 화장품 •   ① maquillaje

2 벗다 •   ② ropa

3 (옷) 사이즈 •   ③ talla

4 옷 •   ④ quitarse

1 1. pantalones 2. bufanda 3. vestido 4. moda 5. tienda de ropa 6. centro comercial **2** 1. 셔츠 2. 티셔츠 3. 양말 4. 스타킹 **3** 1. ① 2. ④ 3. ③ 4. ②

Day 19

공부순서 ☐ MP3 듣기 ➡ ☐ 단어 암기 ➡ ☐ 예문 빈칸 채우기 ➡ ☐ 단어 암기 동영상

쇼핑

🎧 MP3를 들어보세요

grandes almacenes
백화점

tienda de ropa
옷 가게

ferretería
철물점

tienda de alimentación
식료품점

rastro
벼룩시장

supermercado
슈퍼마켓

383
grandes almacenes
명 복 백화점

En Corea hay muchos ✏️ _____.
한국에는 백화점이 많습니다.

384
tienda de ropa
옷 가게

Pablo trabaja en una _____.
Pablo는 옷 가게에서 일합니다.

385
ferretería
철물점

¿No hay una _____ por aquí?
이 근처에 철물점이 없나요?

386
tienda de alimentación
식료품점

¿Dónde está la _____ coreana?
한국 식료품점은 어디에 있어요?

387
rastro
벼룩시장

Lo he comprado en un _____.
나는 그것을 벼룩시장에서 샀어.

388
supermercado
슈퍼마켓

No se vende en los _____.
슈퍼마켓에서는 팔지 않습니다.

389
mercado
시장

En el _____ se venden cosas baratas.
시장에서는 싼 물건들을 판다.

Hint 388 supermercados

390 comprar
사다

¿Qué vas a _____?
무엇을 살 거니?

391 vender
팔다

¿Dónde _____ naranjas?
오렌지는 어디서 팔아?

392 ir de compras
쇼핑을 가다

Mi madre y yo _____ _____.
엄마와 나는 쇼핑을 갑니다.

393 dinero
돈

Me falta un poco de _____.
나는 돈이 약간 모자랍니다.

394 euro
유로

En Europa se usa _____.
유럽에서는 유로화를 사용합니다.

395 céntimo
센트

No me gusta tener los _____.
나는 센트 생기는 게 싫어.

396 producto
물건, 상품

Hay muchos _____ en esta tienda.
이 가게에는 많은 상품이 있습니다.

Hint 391 venden 392 vamos de compras 395 céntimos 396 productos

397
costar
비용이 들다

¿Cuánto _____ esta camisa?
이 셔츠 얼마예요?

398
pagar
지불하다

No puedo _____ más dinero.
난 더 이상 지불할 수 없어요.

399
tarjeta de crédito
신용카드

¿En efectivo o con _____?
현금으로요, 아니면 카드로요?

400
recibo
영수증

No necesito el _____.
영수증은 필요 없습니다.

401
vuelta
거스름돈

Aquí está la _____.
거스름돈 여기 있습니다.

402
propina
팁

¿Hay que dejar _____ en España?
스페인에서는 팁을 남겨야 하나요?

❯ 팁이 의무는 아니지만 계산 후 잔돈을 남기기도 하고, 서비스를 잘 받았을 경우 일정 금액을 남기기도 합니다.

403
tienda
상점, 가게

Todas las _____ están cerradas.
모든 상점들이 닫혀 있습니다.

Hint 397 cuesta   403 tiendas

404
precio
가격

Lo he comprado a buen _____.
나는 그것을 좋은 가격에 샀어요.

405
rebaja
세일

En las Navidades hay mucha _____.
크리스마스 기간엔 세일이 많다.

406
caro(-a)
비싼

Creo que este bolso es demasiado _____.
내 생각에 이 가방은 지나치게 비싼 것 같군요.

407
barato(-a)
싼

Esta falda no es tan _____ como pensaba.
이 치마는 내가 생각한 것만큼 싸진 않네요.

408
dependiente
남 여 점원

¿Dónde está el _____?
점원이 어디 갔지?

409
cliente
남 여 손님

Hay doscientos puntos en su cuenta de _____.
손님 계정에 200포인트가 있어요.

Hint 406 caro   407 barata

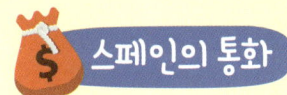 스페인의 통화

 지폐

cinco euros
5유로

diez euros
10유로

veinte euros
20유로

cincuenta euros
50유로

cien euros
100유로

doscientos euros
200유로

quinientos euros
500유로

동전

un céntimo
1센트

dos céntimos
2센트

cinco céntimos
5센트

diez céntimos
10센트

veinte céntimos
20센트

cincuenta céntimos
50센트

un euro
1유로

dos euros
2유로

플러스 단어

descuento 할인

efectivo 현금

reembolso 환불

cambio 교환

servicio a domicilio 배달

regalo 선물

envolver 포장하다

tienda de conveniencia 편의점

hipermercado 대형마트

publicidad (여) 광고

elegir 고르다, 선택하다

gratuito(-a) 무료의

mueble (남) 가구

juguete (남) 장난감

ahorrar 절약하다

electrodomésticos (복) 가전제품

regatear 흥정하다

quiosco 가판대

comparar 비교하다

carro de la compra 쇼핑 카트

escaparate (남) 진열장

mirar 보다

probador (남) 탈의실

Tip 가격 묻기

¿Cuánto cuesta el helado? 아이스크림 얼마입니까?
Cuesta cinco euros. 5유로입니다.
¿Cuánto valen los zapatos? 신발은 얼마입니까?
Valen doscientos euros. 200유로입니다.

미니 테스트

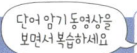

1 다음 뜻을 스페인어로 써 보세요.

1 영수증 _____   2 손님 _____

3 사다 _____   4 점원 _____

5 팔다 _____   6 팁 _____

2 다음 스페인어의 뜻을 써 보세요.

1 ir de compras _____

2 servicio a domicilio _____

3 electrodomésticos _____

4 tarjeta de crédito _____

3 스페인어와 우리말의 뜻을 알맞게 연결해 보세요.

1 싼 •   ① vuelta

2 거스름돈 •   ② tienda

3 상점, 가게 •   ③ gratuito(-a)

4 무료의 •   ④ barato(-a)

---

1 1. recibo 2. cliente 3. comprar 4. dependiente 5. vender 6. propina **2** 1. 쇼핑을 가다 2. 배달 3. 가전제품 4. 신용카드 **3** 1. ④ 2. ① 3. ② 4. ③

Day 20

공부순서 ☐ MP3 듣기 ➡ ☐ 단어 암기 ➡ ☐ 예문 빈칸 채우기 ➡ ☐ 단어 암기 동영상

교통·도로

🎧 MP3를 들어보세요

autobús
버스

taxi
택시

metro
지하철

bicicleta
자전거

avión
비행기

barco
배

410
transporte
명 교통수단, 운송

Hay que usar ✏️ _____ público.
대중교통을 이용해야 합니다.

411
tráfico
교통

Hay mucho _____.
교통이 많다.

412
tomar
타다

¿Qué número de autobús tengo que _____?
몇 번 버스를 타야 하나요?

413
bajar
내리다

_____ en la estación de Seúl.
우리는 서울역에서 내립니다.

414
metro
지하철

Voy a la empresa en _____.
나는 지하철을 타고 회사에 갑니다.

415
estación
여 역

¿Dónde está la _____ de tren?
기차역이 어디에 있나요?

416
coche
명 자동차

¿Vas a ir ahí en _____?
너 거기 차 타고 갈 거야?

Hint 413 Bajamos

417
cerca de
~로부터 가까이에

El museo está ✎ _____ aquí.
박물관은 여기에서 가까워요.

418
lejos de
~로부터 멀리에

El aeropuerto está _____ centro.
공항이 시내에서 멀리에 있어요.

419
despacio
천천히

Los coches van muy _____.
차들이 매우 천천히 갑니다.

420
tardar
(시간이) 걸리다

_____ mucho hasta la estación.
역까지 시간이 많이 걸립니다.

421
calle
여 길

No hay nadie en la _____.
길에 아무도 없습니다.

422
carretera
도로

¡Ten cuidado en la _____!
도로에서 조심해!

423
cruce
남 사거리, 교차로

Había un accidente en el _____.
사거리에서 사고가 있었어.

Hint 418 lejos del 420 Tarda

424
semáforo
신호등

No funciona el ✏️ _____.
신호등이 고장 났네.

425
cruzar
건너다

Hay que _____ por esta calle.
이 길로 건너야 해.

426
caminar
걷다

Ya no puedo _____ más.
이제 나는 더 이상 못 걷겠어.

427
correr
달리다

En autopista los coches _____ rápido.
고속도로에서는 차들이 빨리 달린다.

428
girar
(방향을) 틀다, 돌다

Si _____ a la derecha, habrá un banco.
(네가) 오른쪽으로 톨면 은행이 하나 있을 거야.

429
aparcar
주차하다

No hay espacio para _____.
주차할 공간이 없다.

430
parada
정류장

Bajamos en la próxima _____.
우리는 다음 정류장에서 내려.

Hint 427 corren 428 giras

431
último(-a)
마지막의

¿A qué hora sale el _____ tren?
마지막 기차가 몇 시에 떠나요?

432
recto(-a)
곧은

Siga todo _____.
쭉 직진하세요.

433
conductor(a)
운전기사

El _____ conduce muy rápido.
운전기사님이 운전을 매우 빨리 하십니다.

434
ida y vuelta
왕복

Un billete de _____ _____ para Madrid, por favor.
마드리드행 왕복 티켓 한 장 주세요.

435
ventanilla
차창

Veo el paisaje por la _____.
차창을 통해 나는 풍경을 봅니다.

436
conducir
운전하다

Yo no _____ bien.
나는 운전을 잘 못합니다.

437
parar
정지하다

Este autobús no _____ en esa parada.
이 버스는 그 정류장에서 안 멈춰요.

Hint 431 último 432 recto 433 conductor 436 conduzco 437 para

여러 가지 교통수단

autobús
버스

taxi
택시

coche
자동차

tren
기차

metro
지하철

barco
배

avión
비행기

helicóptero
헬리콥터

bicicleta
자전거

motocicleta
오토바이

camión
트럭

ambulancia
구급차

플러스 단어

puente 남 다리

túnel 남 터널

atasco 교통 체증

hora punta 러시아워

coger 잡다, 타다

accidente 남 사고

billete 남 표

abono 정기권

ferrocarril 남 철도

tren 남 기차

andén 남 플랫폼

taquilla 매표소

entrada 입구

salida 출구

callejón sin salida 여 막다른 길

autopista 고속도로

autobús expreso 남 급행 버스

mapa de ruta 노선도

aparcamiento 주차장

transbordar 환승하다

atajo 지름길

vehículo 탈것

revisor(a) 검표원

horario 시간표

gasolinera 주유소

próximo(-a) 다음의

velocidad 여 속도

a pie 걸어서

미니 테스트

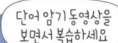

1 다음 뜻을 스페인어로 써 보세요.

1 비행기 _____   2 정류장 _____

3 자전거 _____   4 신호등 _____

5 걷다 _____   6 걸어서 _____

2 다음 스페인어 단어의 뜻을 써 보세요.

1 velocidad _____

2 despacio _____

3 salida _____

4 calle _____

3 스페인어와 우리말의 뜻을 알맞게 연결해 보세요.

1 내리다 •   ① aparcar

2 정지하다 •   ② bajar

3 환승하다 •   ③ transbordar

4 주차하다 •   ④ parar

1 1. avión 2. parada 3. bicicleta 4. semáforo 5. caminar 6. a pie **2** 1. 속도 2. 천천히 3. 출구 4. 길 **3** 1. ② 2. ④ 3. ③ 4. ①

Day 21

공부순서: ☐ MP3 듣기 ➡ ☐ 단어 암기 ➡ ☐ 예문 빈칸 채우기 ➡ ☐ 단어 암기 동영상

은행, 우체국에서

MP3를 들어보세요

banco
은행

cajero automático
ATM

oficina de correos
우체국

carta
편지

sello
우표

sobre
봉투

438 banco
은행

¿A qué hora abre el _____?
은행이 몇 시에 열지?

439 ventanilla
창구

Solamente una _____ está abierta.
창구가 오직 하나만 열려 있습니다.

440 cajero automático
ATM

No encuentro ningún _____.
ATM을 하나도 못 찾겠어.

441 cartilla
통장

¿Dónde están mis _____?
내 통장들이 어디 있지?

442 firma
사인, 서명

Ponga su _____ aquí, por favor.
여기에 사인 부탁힙니다.

443 turno
순번, 차례

Ahora es mi _____.
이제 내 차례야.

444 rico(-a)
부자

Si ahorro mucho, podré ser _____.
내(여자)가 저금을 많이 하면 부자가 될 수 있을 거야.

Hint 441 cartillas 444 rica

445 retirar
인출하다

Necesito ✏️ _____ dinero.
난 돈을 좀 인출해야 해.

446 ahorrar
저금하다, 절약하다

Si quieres viajar, tienes que _____ más.
네가 만약 여행하고 싶으면 더 절약해야 해.

447 ingresar
입금하다

Hay que _____ trescientos euros.
300유로를 입금해야만 합니다.

448 domiciliar
이체하다

¿Me puedes enseñar cómo _____?
어떻게 이체하는지 나에게 알려 줄 수 있어?

449 cambiar
환전하다

¿Dónde puedo _____ el dinero?
어디에서 환전할 수 있을까요?

450 oficina de correos
우체국

Tengo que ir a la _____.
나 우체국에 가야 해.

451 carta
편지

Me escribirás _____, ¿verdad?
나한테 편지 쓸 거지, 그치?

452	**sello** 우표, 도장	¿Dónde venden _____? 우표는 어디서 팔아요?
453	**postal** 여 엽서	Tengo varias _____ de Portugal. 저는 포르투갈 엽서가 여러 장 있습니다.
454	**enviar** 보내다	Quería _____ estos a Corea. 이것들을 한국으로 보내고 싶은데요.
455	**llegar** 도착하다	Va a _____ la carta. 편지가 곧 올 거야.
456	**sobre** 남 봉투	¿Cuánto cuesta el _____? 봉투는 얼마예요?
457	**paquete** 남 소포	No he recibido el _____. 저는 소포를 받지 못했습니다.
458	**caja** 상자	No cabe todo en esta _____. 이 상자에 다 안 들어가네요.

Hint 452 sello(s)   453 postales

Day 21 은행, 우체국에서

플러스 단어

contraseña 비밀번호

comisión 여 수수료

tipo de cambio 환율

ahorro 저축, 저금

interés 남 이자

cuenta bancaria 은행 계좌

tarjeta 카드

saldo 잔고

banquero(-a) 은행원

préstamo 대출

depositar 맡기다

esperar 기다리다

hacer cola 줄을 서다

pesado(-a) 무거운

ligero(-a) 가벼운

peso 무게

pesar 무게가 나가다

internacional 국제의

correo certificado 등기

número de registro 등기번호

código postal 우편번호

destinatario(-a) 수취인

remitente 남 여 발신인

seguir 추적하다

dirección 여 주소

devolución 여 반송

cartero(-a) 우체부

buzón 남 우체통

미니 테스트

1 다음 뜻을 스페인어로 써 보세요.

1 우표 _____　　2 주소 _____

3 봉투 _____　　4 비밀번호 _____

5 우체국 _____　　6 우편번호 _____

2 다음 스페인어의 뜻을 써 보세요.

1 interés _____

2 firma _____

3 comisión _____

4 hacer cola _____

3 스페인어와 우리말의 뜻을 알맞게 연결해 보세요.

1 환전하다　·　　　　　① ingresar

2 입금하다　·　　　　　② cambiar

3 보내다　·　　　　　③ retirar

4 인출하다　·　　　　　④ enviar

---

1 1. sello 2. dirección 3. sobre 4. contraseña 5. oficina de correos 6. código postal **2** 1. 이자 2. 사인/서명 3. 수수료 4. 줄을 서다 **3** 1. ② 2. ① 3. ④ 4. ③

Day 22

공부순서: □ MP3 듣기 ➡ □ 단어 암기 ➡ □ 예문 빈칸 채우기 ➡ □ 단어 암기 동영상

병원에서

MP3를 들어보세요

hospital
병원

gripe
독감

fiebre
열

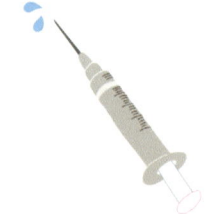

inyección
주사

medicina
약

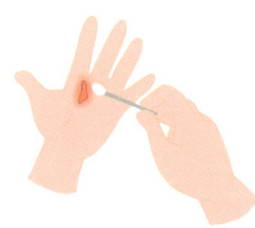

herida
상처

459 clínica
병원, 의원

La ✏️ está en el segundo piso.
병원은 2층에 있습니다.

460 ingresar
입원시키다, 입원하다

Lo van a tener que ___.
그는 병원에 입원해야 합니다.

461 salir del hospital
퇴원하다

¿Cuándo ___?
너는 언제 퇴원하니?

462 paciente
명 ⓔ 환자

En aquel hospital hay muchos ___.
저 병원에는 환자가 많이 있다.

463 médico(-a)
의사(=doctor(a))

Los ___ del hospital son profesionales.
이 병원의 의사들은 전문적입니다.

464 enfermero(-a)
간호사

La ___ es muy simpática.
그 간호사는 정말 친절해요.

465 enfermedad
ⓔ 병, 질병

¿Es una ___ grave?
심각한 질병이에요?

Hint 461 sales del hospital 462 pacientes 463 médicos 464 enfermera

466
dolor
명 고통

Tengo mucho ___ de cabeza.
저 머리가 너무 아파요.

467
doler
~가 아프다

¿Qué te ___?
어디가 아파?

468
enfermo(-a)
아픈

Mi abuelo está ___.
제 할아버지께서 편찮으십니다.

469
fiebre
여 열

Mi hijo tiene mucha ___.
내 아들이 열이 많이 난다.

470
jarabe
명 시럽

Debe tomar este ___ cada 5 horas.
다섯 시간마다 이 시럽을 드셔야 합니다.

471
pastilla
알약

No me gustan las ___.
나는 알약이 싫어.

472
herida
부상, 상처

Es una ___ mental.
그건 마음의 상처야.

Hint 467 duele 468 enfermo 471 pastillas 475 resfriada

473
cicatriz
⒞ 흉터

Tengo una ✏ _____ en la cara.
난 얼굴에 흉터가 하나 있어요.

474
sangre
⒞ 피

Su cara estaba llena de _____.
그녀의 얼굴이 피로 가득했다.

475
resfriado(-a)
감기에 걸린

Daniela está _____.
Daniela는 감기에 걸렸다.

476
infección
⒞ 감염

Hay _____ en la garganta.
목에 감염이 좀 있네요.

477
salud
⒞ 건강

Hay que hacer ejercicio para la _____.
건강을 위해서 운동을 해야만 합니다.

Tip 진료 과목

medicina interna 내과
cirugía 외과
pediatría 소아과
cirugía dental 치과
oftalmología 안과

dermotología 피부과
otorrinolaringología 이비인후과
cirugía plástica 성형외과
ginecología 산부인과
ortopedia 정형외과

478
moco
콧물

El niño tiene ✎ _____.
아이가 콧물이 납니다.

479
constipado(-a)
감기에 걸린

Mi novia está muy _____.
제 여자친구는 심하게 감기에 걸렸어요.

480
estetoscopio
청진기

El _____ es un instrumento médico.
청진기는 의료 도구입니다.

481
examinar
검진하다

El doctor _____ a los pacientes.
의사 선생님이 환자들을 검진합니다.

482
contagioso(-a)
전염성의

La gripe es _____.
감기는 전염성입니다.

483
mejorarse
(건강이) 나아지다, 회복되다

¡Que _____ _____ pronto!
네가 곧 낫기를 바라!

484
alergia
알레르기

¿Tiene usted alguna _____?
알레르기가 있으신가요?

Hint 479 constipada 481 examina 482 contagiosa 483 te mejores

Tip 증상 말하기

tener	frío/calor 추위/더위
	fiebre 열
	tos 기침
	gripe 감기
	dolor de + 신체부위 신체부위의 고통

예) **Tengo frío.** 나는 추워요.
Tiene mucha fiebre. 그는 열이 많이 나요.
¿Tienes tos? 너 기침해?
Tengo gripe. 나 감기에 걸렸어.
Tengo dolor de garganta. 나는 목이 아파.

간접목적격 대명사(~에게)		
me	nos	
te	os	doler + 정관사 + 신체 부위
le	les	

예) **Me duele el estómago.** 나는 배가 아프다.
Te duelen los pies. 너는 발이 아프다.
Le duele la espalda. 그는 등이 아프다.
Nos duele el oído. 우리는 귀가 아프다.
Os duelen los ojos. 너희들은 눈이 아프다.
Les duele la cabeza. 그들은 머리가 아프다.

※ 신체 부위를 나타내는 단어는 Day 04(30쪽)를 참고하세요.

플러스 단어

farmacia 약국

farmacéutico(-a) 약사

termómetro 온도계

examinación del médico
여 건강 검진

curar 치료하다

remedio 치료

operación 여 수술

tipo de sangre 혈액형

desinfección 여 소독, 살균

prescripción 여 처방전

presión sanguínea 여 혈압

anemia 빈혈

estreñimiento 변비

diarrea 설사

sudar 땀을 흘리다

vitamina 비타민

grasa 지방

proteína 단백질

digestión 여 소화

indigestión 여 소화 불량

tos 여 기침

estornudar 재채기하다

bostezar 하품하다

pedo 방귀

vomitar 토하다

virus 남 바이러스

cáncer 남 암

hincharse 붓다

enyesar 깁스하다

acupuntura 침술

미니 테스트

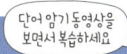

1 다음 뜻을 스페인어로 써 보세요.

1 건강 _____   2 토하다 _____

3 병, 질병 _____   4 암 _____

5 피 _____   6 알약 _____

2 다음 스페인어 단어의 뜻을 써 보세요.

1 indigestión _____

2 proteína _____

3 enfermo(-a) _____

4 enfermero(-a) _____

3 스페인어와 우리말의 뜻을 알맞게 연결해 보세요.

1 설사 •   ① termómetro

2 처방전 •   ② prescripción

3 흉터 •   ③ diarrea

4 온도계 •   ④ cicatriz

---

1 1. salud 2. vomitar 3. enfermedad 4. cáncer 5. sangre 6. pastilla **2** 1. 소화 불량 2. 단백질
3. 아픈 4. 간호사 **3** 1. ③ 2. ② 3. ④ 4. ①

Day 23

공부순서: □ MP3 듣기 ➡ □ 단어 암기 ➡ □ 예문 빈칸 채우기 ➡ □ 단어 암기 동영상

공항에서

MP3를 들어보세요

aeropuerto
공항

vuelo
비행

pasaporte
여권

billete
티켓

equipaje
수하물

turismo
관광

485 **aeropuerto**
공항

Tarda una hora hasta el _____.
공항까지 1시간 걸립니다.

486 **vuelo**
비행

Es la primera vez que tomo el _____.
저는 비행을 하는 것이 처음입니다.

487 **para**
~를 향하여

¿Hay avión _____ Barcelona?
바르셀로나행 비행기 있나요?

488 **pasaporte**
여권

Enseñe su _____, por favor.
당신의 여권을 보여 주십시오.

489 **país**
국가, 나라

Corea es un _____ muy bonito.
한국은 매우 예쁜 나라입니다.

490 **partir**
출발하다

¿A qué hora _____ el último avión?
마지막 비행기가 몇 시에 떠나나요?

491 **llegar**
도착하다

Todavía no _____ un pasajero.
아직 승객 한 명이 도착하지 않았어요. (현재완료)

Hint 490 parte   491 ha llegado

492
tienda sin impuesto
면세점

He comprado mucho en la ____ ____ ____.
나는 면세점에서 많은 것을 샀다.

493
venta
판매

Los billetes están en ____.
티켓이 판매 중입니다.

494
extranjero
해외

Ellos viajan mucho al ____.
그들은 해외 여행을 많이 합니다.

495
acompañar
동행하다

Ellos ____ a su hijo en el viaje.
그들은 여행에서 그들의 아들을 동행한다.

496
intención
⑩ 의도, 목적

¿Cuál es su ____ para ir a España?
당신이 스페인을 가시는 의도는 무엇입니까?

497
despedir
배웅하다, 작별하다

Te voy a ____ en el aeropuerto.
공항에서 너를 배웅할게.

498
azafato(-a)
승무원

Las ____ nos saludan.
승무원들이 우리에게 인사합니다.

Hint 495 acompañan   498 azafatas

499
visado
비자

¿Cuándo me darán el _____?
나는 비자를 언제 받으려나?

500
escala
기항

El avión hace _____ en Holanda.
비행기는 네덜란드에 기항합니다.

501
embarque
🟤 탑승

Nos vemos en la puerta de _____ dos.
우리 2번 탑승구에서 만나자.

502
abordar
탑승하다

¿Dónde puedo _____ el avión?
어디서 비행기에 탑승할 수 있나요?

503
despegar
이륙하다

El vuelo va a _____ pronto.
비행기가 곧 이륙합니다.

504
aterrizar
착륙하다

El avión está a punto de _____.
비행기가 막 착륙하려고 합니다.

505
sala de espera
대합실

Hay mucha gente en la _____.
대합실에 사람이 매우 많습니다.

플러스 단어

itinerario 일정, 여정

procedimiento 수속, 절차

salida 출발

llegada 도착

aduana 세관

declaración de aduana 여 세관 신고

salida de emergencia 비상구

asiento 좌석

asiento junto a la ventana 창가 자리

línea nacional 국내선

línea internacional 국제선

aerolínea 항공사

carrito 카트

pista 활주로

comida en el avión 기내식

piloto 남 여 파일럿

helicóptero 헬리콥터

inspección 여 검역, 검사

mundo 세계

diferencia de hora 시차

abrocharse (벨트를) 매다

cinturón de seguridad 남 안전벨트

pasajero(-a) 승객

prohibido(-a) 금지된

atraso del avión 비행기 연착

clase económica 여 이코노미석

clase ejecutiva 여 비즈니스석

guía 남 여 가이드

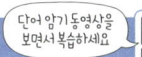

미니 테스트

1 다음 뜻을 스페인어로 써 보세요.

1 공항 _____   2 승객 _____

3 해외 _____   4 승무원 _____

5 국가 _____   6 여권 _____

2 다음 스페인어 단어의 뜻을 써 보세요.

1 aerolínea _____

2 inspección _____

3 abrocharse _____

4 embarque _____

3 스페인어와 우리말의 뜻을 알맞게 연결해 보세요.

1 착륙하다 ·   ① despegar

2 면세점   ·   ② sala de espera

3 이륙하다 ·   ③ aterrizar

4 대합실   ·   ④ tienda sin impuesto

---

1 1. aeropuerto 2. pasajero(-a) 3. extranjero 4. azafato(-a) 5. país 6. pasaporte **2** 1. 항공사 2. 검역/검사 3. (벨트를) 매다 4. 탑승 **3** 1. ③ 2. ④ 3. ① 4. ②

Day 24

공부 순서: ☐ MP3 듣기 ➡ ☐ 단어 암기 ➡ ☐ 예문 빈칸 채우기 ➡ ☐ 단어 암기 동영상

취미 생활

MP3를 들어보세요

tocar el piano
피아노를 치다

ver una película
영화를 보다

escuchar música
음악을 감상하다

cantar
노래 부르다

dibujar
그림을 그리다

leer
책을 읽다

506 afición
뗑 취미

¿Cuál es tu _____?
네 취미가 뭐야?

507 guitarra
기타

Sé tocar la _____.
나는 기타 연주를 할 줄 알아.

508 instrumento
악기

¿Tocaís algún _____?
너희들 악기 연주하니?

509 película
영화

Me gusta ver las _____.
저는 영화 보는 것을 좋아합니다.

510 música
음악

Mi afición es escuchar _____.
제 취미는 음악 감상입니다.

511 tocar
연주하다

Me encanta _____ el piano.
나는 피아노 치는 것을 매우 좋아해.

512 telenovela
드라마

Mi madre siempre ve las _____.
나의 엄마는 항상 드라마를 보셔요.

Hint 509 películas   512 telenovelas

513 dibujos animados
애니메이션 만화

Todos los domingos veo los _____ _____.
매주 일요일 나는 애니메이션 만화를 봅니다.

514 dibujar
그림을 그리다

¿Todavía _____ bien?
너는 여전히 그림을 잘 그리니?

515 tomar fotos
사진을 찍다

Mi padre _____ _____ en el viaje.
나의 아버지는 여행에서 사진을 찍으십니다.

516 cámara
카메라

Quiero comprar una _____ buena.
나는 좋은 카메라를 사고 싶어요.

517 muñeco(-a)
인형

Mi hermana colecta los _____.
나의 언니는 인형을 모읍니다.

518 novela
소설

Estoy leyendo una _____.
나는 소설 책 한 권을 읽는 중이야.

519 concierto
콘서트

¿Quieres ir al _____ conmigo?
너 나랑 콘서트 가지 않을래?

Hint 514 dibujas 515 toma fotos 517 muñecos

520
teatro
연극

Ella dirige muchas obras de _____.
그녀는 많은 연극 작품을 감독한다.

521
bailar
춤추다

¡Vamos a ir a _____ esta noche!
오늘 밤 춤추러 가자!

522
aficionado(-a)
팬, 취미가 있는

Soy gran _____ al béisbol.
나(여자)는 야구 광팬이야.

523
pasatiempo
취미, 시간 보내기

Mi abuelo dibuja como _____.
나의 할아버지는 취미로 그림을 그리십니다.

524
jugar
(운동경기를) 하다, 놀다

Me gusta _____ al baloncesto.
나는 농구 경기 하는 것을 좋아합니다.

525
disfrutar
즐기다

Ellos _____ del tiempo libre en la playa.
그들은 해변에서 자유 시간을 즐깁니다.

526
tomar clase
수업을 듣다

Voy a _____ la _____ de ella.
나는 그녀의 수업을 들을 거야.

Hint 522 aficionada 525 disfrutan 526 tomar, clase

플러스 단어

colección 여 수집

pintura 회화, 그림

tejer 뜨개질하다

bordado 자수

coser 바느질하다

caligrafía 서예

arreglo de flores 꽃꽂이

subir a la montaña 등산하다

ir de excursión 소풍 가다

pasear 산책하다

dar un paseo en coche 드라이브하다

musical 남 뮤지컬

ópera 오페라

en directo 라이브로

al aire libre 야외에서

escenario 무대

espectáculo 볼거리, 공연

entrada 입장권

cantante 남여 가수

famoso(-a) 유명한

fama 명성, 인기

aplauso 박수

baile 남 댄스, 춤

interés 남 흥미

tiempo libre 여가 시간, 자유 시간

ocio 여가

pesca 낚시

hacer footing 조깅하다

미니 테스트

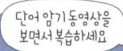

1 다음 뜻을 스페인어로 써 보세요.

1 카메라 _____   2 콘서트 _____

3 즐기다 _____   4 팬, 취미가 있는 _____

5 야외에서 _____   6 인형 _____

2 다음 스페인어의 뜻을 써 보세요.

1 pesca _____

2 en directo _____

3 película _____

4 dibujos animados _____

3 의미에 맞는 구문이 되도록 연결해 보세요.

1 tocar ·   ① fotos

2 tomar ·   ② la guitarra

3 jugar ·   ③ al fútbol

4 ir ·   ④ de excursión

---

1 1. cámara 2. concierto 3. disfrutar 4. aficionado(-a) 5. al aire libre 6. muñeco(-a) **2** 1. 낚시 2. 라이브로 3. 영화 4. 애니메이션 만화 **3** 1. ② 2. ① 3. ③ 4. ④

운동과 스포츠

fútbol
축구

béisbol
야구

baloncesto
농구

natación
수영

yoga
요가

maratón
마라톤

527 ejercicio
운동

Hago ____ todos los días.
나는 매일 운동을 합니다.

528 deporte
(남) 스포츠

¿Qué ____ te gusta?
너는 무슨 스포츠를 좋아해?

529 balón
(남) 공

Él echa el ____.
그는 공을 던집니다.

530 pelota
공

Los niños juegan con la ____.
아이들이 공을 가지고 놉니다.

531 béisbol
(남) 야구

Me gusta ver el ____.
나는 야구 보는 것을 좋아해.

532 fútbol
(남) 축구

El ____ es muy popular en España.
축구는 스페인에서 매우 인기가 있습니다.

533 baloncesto
농구

Queremos jugar al ____.
우리는 농구를 하고 싶어요.

534
voleibol
⑲ 배구

A Marco le encanta el _____.
Marco는 배구를 매우 좋아해.

535
balonmano
핸드볼

El _____ es divertido.
핸드볼은 재미있어.

536
golf
⑲ 골프

Mi padre juega al _____ el fin de semana.
나의 아버지는 주말에 골프를 치십니다.

537
jugar a ~
~ 경기를 하다

¡Vamos a _____ _____ fútbol!
우리 축구 하자!

538
nadar
수영하다

_____ tres veces a la semana.
나는 일주일에 세 번 수영을 합니다.

539
piscina
수영장

Hay mucha gente en la _____.
수영장에 많은 사람들이 있습니다.

540
gimnasio
체육관

El _____ está cerca de mi casa.
체육관은 나의 집 가까이에 있습니다.

Hint 537 jugar al   538 Nado

541
deportista
명 운동선수

Ese ✎ juega muy bien.
그 운동선수는 운동을 정말 잘해.

542
equipo
팀

Mi _____ favorito es Real Madrid.
내가 가장 좋아하는 팀은 레알 마드리드야.

543
partido
경기

El _____ de fútbol empieza a las siete.
축구 경기는 7시에 시작합니다.

544
billar
명 당구

No me gusta jugar al _____.
나는 당구 치는 것을 좋아하지 않아.

545
bolos
명 볼링

¿Queréis jugar a los _____?
너희들 볼링 치고 싶니?

546
tenis
명 테니스

No juego bien al _____.
나는 테니스를 잘 못 쳐.

547
esquí
명 스키

Voy a practicar el _____.
나는 스키 연습을 할 거야.

플러스 단어

ganar 이기다

perder 지다

empatar 비기다

competir 경쟁하다

torneo 토너먼트

campeón(a) 챔피언

rival 남 여 경쟁자

salud 여 건강

campeonato 선수권 대회

campo deportivo 운동장

Tip
jugar 동사의 뜻

❶ 놀다

❷ jugar + a + 정관사 + 스포츠/게임: (운동경기를) 하다

yo	juego	nosotros(-as)	jugamos
tú	juegas	vosotros(-as)	jugáis
él/ella/usted	juega	ellos/ellas/ustedes	juegan

예) El niño juega en el jardin. 아이가 정원에서 놀고 있습니다.
　　Juego al baloncesto con mis amigos. 나는 친구들과 농구를 합니다.

미니 테스트

1 다음 뜻을 스페인어로 써 보세요.

1 스포츠 _____   2 농구 _____

3 건강 _____   4 축구 _____

5 이기다 _____   6 수영장 _____

2 다음 스페인어 단어의 뜻을 써 보세요.

1 billar _____

2 campeón(a) _____

3 partido _____

4 perder _____

3 스페인어와 우리말의 뜻을 알맞게 연결해 보세요.

1 비기다 ·   ① natación

2 운동 ·   ② ejercicio

3 체육관 ·   ③ empatar

4 수영 ·   ④ gimnasio

---

1 1. deporte 2. baloncesto 3. salud 4. fútbol 5. ganar 6. piscina **2** 1. 당구 2. 챔피언 3. 경기
4. 지다 **3** 1. ③ 2. ② 3. ④ 4. ①

Day 26

공부 순서: ☐ MP3 듣기 ➡ ☐ 단어 암기 ➡ ☐ 예문 빈칸 채우기 ➡ ☐ 단어 암기 동영상

컴퓨터 · 전화

MP3를 들어보세요

ordenador
컴퓨터

carpeta
폴더

papelera de reciclaje
휴지통

teléfono móvil
휴대폰

teléfono fijo
전화기

batería
배터리

548	**ordenador** ⓜ 컴퓨터(=ⓕ computadora)	¿Podría usar el ✎_____? 제가 컴퓨터를 사용해도 될까요? ⓞ 컴퓨터를 스페인에서는 ordenador, 중남미에서는 computadora라고 말합니다.
549	**ordenador portátil** ⓜ 노트북	Necesito un _____ _____ nuevo. 나는 새 노트북이 필요해.
550	**dato** 데이터	Ella me envia los _____. 그녀가 나에게 데이터를 보냅니다.
551	**archivo** 파일, 기록	No encuentro ese _____. 그 파일 나 못 찾겠어.
552	**red** ⓕ 연결망, 네트워크	La _____ ha desarrollado mucho. 네트워크가 매우 발달되었다.
553	**encender** 켜다	Ella _____ la computadora. 그녀는 컴퓨터를 켭니다.
554	**apagar** 끄다	¿Cómo se _____ este móvil? 이 휴대폰 어떻게 꺼요?

Hint 550 datos　553 enciende　554 apaga

555
descargar
다운로드하다

Quiero ✎ _____ este programa.
나는 이 프로그램을 다운로드하고 싶어요.

556
subir
올리다

¿Vas a _____ esta foto?
너 이 사진 올릴 거야?

557
funcionar
기능하다, 작동하다

No _____ el ordenador.
컴퓨터가 작동을 안 해.

558
arreglar
수리하다, 고치다

¿Puedes _____ el teléfono?
너 전화기 고칠 수 있어?

559
Internet
🔵 인터넷

Busco información por el _____.
나는 인터넷을 통해 정보를 찾습니다.

560
correo electrónico
메일

No uso mucho el _____.
나는 메일을 많이 사용하지 않아.

561
guardar
저장하다

Tienen que _____ todos los datos.
당신들은 모든 데이터를 저장해야만 합니다.

Hint 557 funciona

562 borrar
지우다

Voy a ✏️ _____ este documento.
나는 이 문서를 지울 거야.

563 información
여 정보

Hay mucha _____ en Internet.
인터넷에는 많은 정보가 있습니다.

564 teléfono
전화기

Tenemos que cambiar el _____.
우리는 전화기를 바꿔야 해.

565 (teléfono) móvil
휴대폰

Mis padres me regalarán un _____.
부모님께서 나에게 휴대폰을 선물해 주실 거야.

566 número
번호, 숫자

¿Cuál es tu _____ de teléfono?
너 전화번호가 뭐야?

567 mensaje
남 메시지

Le envío _____ a él.
나는 그에게 메시지를 보냅니다.

568 pantalla
화면

No sale nada en la _____.
화면에 아무것도 안 나와요.

Day 26 컴퓨터 · 전화

569
voz
여 목소리

En _____ alta, por favor.
큰 소리로 말씀해 주세요.

570
llamar
(전화를) 걸다

¿Me puedes _____ esta noche?
오늘 밤 나에게 전화해 줄 수 있어?

571
sonar
(소리가) 나다, 울리다

El móvil _____.
휴대폰이 울린다.

572
alarma
알람

No he oído el _____.
나는 알람을 못 들었어.

573
cargar
충전하다

¿Por qué no _____ el móvil?
너 휴대폰 좀 충전하는 게 어때?

574
saldo
잔액

No tengo _____.
나 잔액이 없어.

575
aplicación
여 애플리케이션

Esta _____ es muy útil.
이 애플리케이션은 매우 유용합니다.

Hint 571 suena 573 cargas

Tip 스페인어 설정 휴대폰 화면

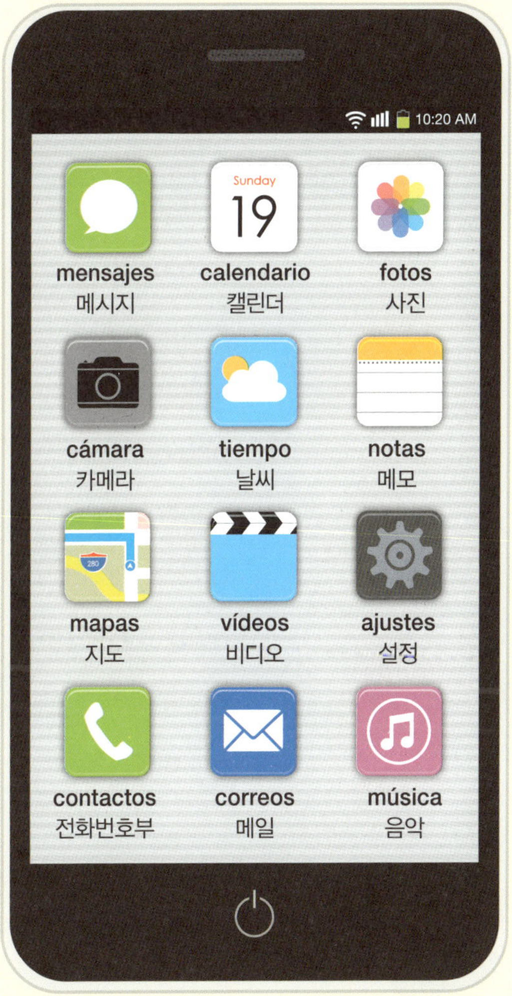
10:20 AM
Sunday
19
mensajes
메시지
calendario
캘린더
fotos
사진
cámara
카메라
tiempo
날씨
notas
메모
mapas
지도
vídeos
비디오
ajustes
설정
contactos
전화번호부
correos
메일
música
음악

플러스 단어

llamada perdida 부재중 전화
llamada rechazada 거절된 전화
fondo de pantalla 배경 화면
vibración 여 진동
vibración en silencio 여 무음
sonido 소리
privacidad 여 보안
teclado 자판
idioma 남 언어
fecha 날짜
región 여 지역
diccionario 사전
Wi-Fi 남 와이파이
tamaño 크기

brillo 밝기
ratón 남 마우스
impresora 프린터
cable 남 케이블
usuario(-a) 유저, 사용자
internauta 남·여 누리꾼
chatear 채팅하다
adjuntar 첨부하다
página 페이지
cancelar 취소하다
buzón de entrada 남 받은 메일함
conectar 연결하다
contraseña 비밀번호
enlace 남 링크

미니 테스트

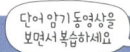

1 다음 뜻을 스페인어로 써 보세요.

1 휴대폰 _____   2 화면 _____

3 번호, 숫자 _____   4 지우다 _____

5 메시지 _____   6 채팅하다 _____

2 다음 스페인어 단어의 뜻을 써 보세요.

1 descargar _____

2 cargar _____

3 enlace _____

4 saldo _____

3 스페인어와 우리말의 뜻을 알맞게 연결해 보세요.

1 애플리케이션 •   ① vibración

2 진동 •   ② teclado

3 자판 •   ③ guardar

4 저장하다 •   ④ aplicación

---

1 1. (teléfono) móvil 2. pantalla 3. número 4. borrar 5. mensaje 6. chatear **2** 1. 다운로드하다 2. 충전하다 3. 링크 4. 잔액 **3** 1. ④ 2. ① 3. ② 4. ③

숫자와 요일

🌰 0~9

0	1	2	3	4
cero	uno	dos	tres	cuatro
5	6	7	8	9
cinco	seis	siete	ocho	nueve

🌰 10~19

10	11	12	13	14
diez	once	doce	trece	catorce
15	16	17	18	19
quince	dieciséis	diecisiete	dieciocho	diecinueve

숫자 익히기

10단위	10	20	30	40
	diez	veinte	treinta	cuarenta
50	60	70	80	90
cincuenta	sesenta	setenta	ochenta	noventa

100단위	100	200	300	400
	cien	doscientos	trescientos	cuatrocientos
500	600	700	800	900
quinientos	seiscientos	setecientos	ochocientos	novecientos

- mil   1,000(천)
- un millón   1,000,000(백만)
- mil millones   1,000,000,000(십억)
- un billón   1,000,000,000,000(일조)

Tip 숫자 읽는 법

❶ 16~29까지는 10의 자리와 1의 자리에 y를 넣은 분리형을 사용하지 않고 축약형을 사용합니다. 이때 음절 변화로 인한 강세의 위치에 주의하세요.

  16   diez y seis (x) → dieciséis (o)
  29   veinte y nueve (x) → veintinueve (o)

❷ 30~99까지는 10의 자리와 1의 자리에 y를 넣은 분리형을 사용합니다.

  38   treinta y ocho   41   cuarenta y uno

❸ 100은 cien, 101~199는 ciento라고 읽습니다. 100의 자리와 10의 자리를 연결할 때는 y를 사용하지 않습니다.

  101   ciento uno   175   ciento setenta y cinco

 서수 읽기

primero(-a)
첫 번째의

segundo(-a)
두 번째의

tercero(-a)
세 번째의

cuarto(-a)
네 번째의

quinto(-a)
다섯 번째의

sexto(-a)
여섯 번째의

séptimo(-a)
일곱 번째의

octavo(-a)
여덟 번째의

noveno(-a)
아홉 번째의

décimo(-a)
열 번째의

서수의 활용

❶ 서수는 뒤에 나오는 명사의 성·수에 일치시켜 주어야 합니다. primero와 tercero는 남성 단수명사 앞에서 o가 탈락됩니다.

el primer amor 첫 사랑   **la primera clase** 첫 수업
el tercer piso 3층

❷ 스페인어로 분수를 읽을 때는 분자는 기수로, 분모는 서수의 남성 복수형으로 읽어 줍니다.

3/4 tres cuartos   **7/9 siete novenos**

❸ 분자가 1인 경우에는 분모의 서수를 단수로 읽어 줍니다.

1/4 un cuarto   **1/8 un octavo**

이때 특별히 1/2은 un medio, 1/3은 un tercio라고 읽는다는 점에 유의하세요.

시간 말하기

Es la una.
1시입니다.

Son las dos en punto.
2시 정각입니다.

Son las tres y diez.
3시 10분입니다.

Son las cuatro y cuarto.
4시 15분입니다.

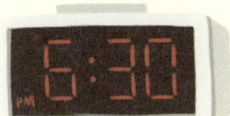

Son las seis y media.
6시 반입니다.

Son las ocho menos cinco.
7시 55분입니다.

Tip
시간 표현

cuarto 15분, 1/4
media 30분, 1/2
en punto 정각

de la mañana 오전에
de la tarde 오후에
de la noche 밤에

날짜 말하기

enero 1월	febrero 2월	marzo 3월	abril 4월
mayo 5월	junio 6월	julio 7월	agosto 8월
septiembre 9월	octubre 10월	noviembre 11월	diciembre 12월

예 ¿Qué fecha es hoy? 오늘 며칠이지?
　Hoy es <u>tres</u> de <u>junio</u>. 오늘은 6월 3일이야.
　　　　　일　　　월

　¿Cuándo es tu cumpleaños? 네 생일이 언제야?
　Mi cumpleaños es el veintisiete de julio. 내 생일은 7월 27일이야.

※ 생일을 말할 때는 날짜 앞에 정관사 el을 꼭 넣어 줍니다.

 요일 말하기

- lunes 월요일
- martes 화요일
- miércoles 수요일
- jueves 목요일
- viernes 금요일
- sábado 토요일
- domingo 일요일

¿Qué día es hoy?
오늘 무슨 요일이지?

Hoy es miércoles.
오늘은 수요일이야.

플러스 단어

contar 수를 세다, 계산하다
sumar 더하다
restar 빼다
multiplicar 곱하다
dividir 나누다
número impar 홀수
número par 짝수
precio 가격
mediodía 남 정오
medianoche 여 자정
madrugada 새벽
temprano 일찍
tarde 늦게
a tiempo 제시간에

pronto 곧
ahora 지금
ayer 어제
hoy 오늘
mañana 내일
semana 주
fin de semana 남 주말
año 해, 년
mes 남 월
día 남 날, 요일
calendario 달력
reloj 남 시계
hora 시간
minuto 분

미니 테스트

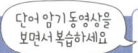

1 다음 숫자의 읽는 법을 스페인어로 써 보세요.

1. 4 _____   2. 14 _____

3. 40 _____   4. 61 _____

5. 100 _____   6. 500 _____

2 다음 뜻을 스페인어로 써 보세요.

1. 3월 _____   2. 8월 _____

3. 목요일 _____   4. 일요일 _____

3 스페인어와 우리말의 뜻을 알맞게 연결해 보세요.

1. ¿Qué día es hoy?   •   ① 몇 시입니까?

2. ¿Qué fecha es mañana?   •   ② 넌 언제 돌아와?

3. ¿Qué hora es?   •   ③ 오늘은 무슨 요일입니까?

4. ¿Cuándo vuelves?   •   ④ 내일은 며칠입니까?

---

1 1. cuatro 2. catorce 3. cuarenta 4. sesenta y uno 5. cien 6. quinientos **2** 1. marzo 2. agosto
3. jueves 4. domingo **3** 1. ③ 2. ④ 3. ① 4. ②

Day 28

공부순서 ☐ MP3 듣기 ➡ ☐ 단어 암기 ➡ ☐ 예문 빈칸 채우기 ➡ ☐ 단어 암기 동영상

색깔과 모양

🎧 MP3를 들어보세요

círculo
원

triángulo
세모

cuadrado
정사각형

rectángulo
직사각형

línea
선

punto
점

576
forma
모양

La calle tiene una ✎ _____ de T.
길이 T자형 모양입니다.

577
redondo(-a)
동그란, 원의

Me gusta el reloj _____.
나는 동그란 시계가 좋아.

578
cuadrado(-a)
네모난, 사각형의

Él tiene una cara _____.
그는 사각형 얼굴입니다.

579
triangular
세모난, 삼각형의

¡Esto es muy _____!
이건 너무 세모 모양이잖아!

580
línea recta
직선

El niño traza una _____.
아이가 직선을 하나 긋있습니다.

581
línea curva
곡선

El artista usa muchas _____.
그 예술가는 많은 곡선을 사용합니다.

582
cono
원뿔

Estos países forman una forma de _____.
이 국가들은 원뿔 모양을 이룹니다.

Hint 577 redonda 578 cuadrada 581 líneas curvas

583
fino(-a)
가는, 섬세한

Tu cara es muy 　　　　.
네 얼굴은 아주 갸름해.

584
igual
같은

Ellos son casi 　　　　.
그들은 거의 똑같아.

585
diferente
다른

Necesito algo 　　　　.
저는 무언가 다른 것이 필요합니다.

586
grueso(-a)
두꺼운

El libro es muy 　　　　.
그 책은 너무 두꺼워요.

587
columna
기둥

Hay una 　　　　 en el centro.
가운데에 기둥이 하나 있습니다.

588
pirámide
⑨ 피라미드

Dibujo una 　　　　.
나는 피라미드를 그립니다.

589
plano(-a)
평평한, 납작한

Estos zapatos son 　　　　.
이 신발은 납작해(굽이 낮아).

Hint　583 fina　584 iguales　586 grueso　589 planos

 **색깔 익히기**

단어 암기 동영상을 보면서 복습하세요

rojo
빨간색

morado
자주색

anaranjado
주황색

marrón
밤색

amarillo
노란색

negro
검은색

verde
초록색

gris
회색

azul
파란색

beis/beige
베이지색

azul oscuro
남색

rosa/rosado
분홍색

violeta
보라색

blanco
하얀색

Day 28 색깔과 모양 193

Day 29

공부 순서: ☐ MP3 듣기 ➡ ☐ 단어 암기 ➡ ☐ 예문 빈칸 채우기 ➡ ☐ 단어 암기 동영상

자주 쓰이는 형용사, 부사

🎧 MP3를 들어보세요

grande 큰 ↔ pequeño(-a) 작은

mucho(-a) 많은 ↔ poco(-a) 적은

largo(-a) 긴 ↔ corto(-a) 짧은   alto(-a) 높은, 키가 큰 ↔ bajo(-a) 낮은, 키가 작은

590
rápido(-a)
빠른

¿Has visto aquel avión ?
저 빠른 비행기 봤어?

591
lento(-a)
느린

La tortuga es .
거북이는 느립니다.

592
barato(-a)
싼, 저렴한

En este restaurante no hay comida .
이 식당에는 저렴한 음식이 없군요.

593
caro(-a)
비싼

Ella siempre compra los zapatos .
그녀는 항상 비싼 신발을 삽니다.

594
nuevo(-a)
새로운

Van a construir un puente .
새로운 다리를 건설할 예정이야.

595
viejo(-a)
오래된, 늙은

Mi abuela me dió un bolso .
할머니께서 나에게 오래된 가방을 하나 주셨다.

596
joven
젊은

¿Quién es ese hombre ?
그 젊은 남자는 누구야?

Hint 590 rápido 591 lenta 592 barata 593 caros 594 nuevo 595 viejo

Day 29 자주 쓰이는 형용사, 부사

597 bueno(-a) 좋은, 착한	¡ _____ viaje! 좋은 여행 되세요! ▸ bueno와 malo는 남성 단수명사 앞에 쓰일 경우 o가 탈락합니다.
598 malo(-a) 나쁜	¡Qué _____ tiempo! 날씨가 정말 나쁘다!
599 pesado(-a) 무거운	¿Por qué mi mochila es tan _____? 왜 이렇게 내 배낭은 무거운 거지?
600 ligero(-a) 가벼운	Su maleta no es _____. 그의 짐가방은 가볍지 않아.
601 fuerte 강한, 센	Sopla un viento _____ hoy. 오늘 강한 바람이 붑니다.
602 débil 약한, 가냘픈	Ella tiene una voz _____. 그녀는 가냘픈 목소리를 가졌다.
603 feliz 기쁜, 행복한	Yo soy la chica más _____ del mundo. 나는 세상에서 제일 행복한 소녀입니다.

Hint 597 Buen 598 mal 599 pesada 600 ligera

604
fácil
쉬운

Aprender español es ____.
스페인어를 배우는 것은 쉽습니다.

605
difícil
어려운

Tenemos que resolver este problema ____.
우리는 이 어려운 문제를 풀어야만 해.

606
frío(-a)
추운, 차가운

No puedo ducharme con el agua ____.
나는 찬물로 샤워할 수 없어.

607
caliente
따뜻한

Me gustaría tomar un café ____.
나는 따뜻한 커피 한잔 마시면 좋겠어.

608
fresco(-a)
시원한, 신선한

Aquí se venden frutas ____.
여기서 신선한 과일들을 팝니다.

609
limpio(-a)
깨끗한

La cama está ____.
침대가 깨끗합니다.

610
sucio(-a)
더러운

La mesa de mi hermana menor está siempre ____.
내 여동생의 책상은 항상 더러워요.

Hint 606 fría   608 frescas   609 limpia   610 sucia

611
☐☐☐ **cómodo**(-a)
편한

Esta silla es _____.
이 의자 편하네요.

612
☐☐☐ **incómodo**(-a)
불편한

Estoy _____ con ellos.
나(남자)는 그들과 불편해요.

613
☐☐☐ **moderno**(-a)
현대적인

Vivo en un piso _____.
나는 현대적인 아파트에 삽니다.

614
☐☐☐ **tradicional**
전통적인

La ropa _____ de Corea es Hanbok.
한국의 전통 의상은 한복입니다.

615
☐☐☐ **internacional**
국제적인

Barcelona es una ciudad _____.
바르셀로나는 국제적인 도시입니다.

616
☐☐☐ **rico**(-a)
풍부한, 맛있는, 부유한

Su comida es muy _____.
당신의 음식은 정말 맛있습니다.

617
☐☐☐ **picante**
매운

La comida coreana es _____.
한국 음식은 매워요.

Hint 611 cómoda 612 incómodo 613 moderno 616 rica

자주 쓰는 부사

muy 매우
bien 잘
tarde 늦게
pronto 곧
temprano 일찍
nunca 절대로
siempre 항상
ahora 지금
despacio 천천히
rápidamente 빠르게
fácilmente 쉽게
casi 거의
todavía 아직도
ya 벌써, 이제

también 역시
más 더
totalmente 완전히
claramente 분명히
solamente 오직
especialmente 특별히
probablemente 아마도
antes 전에
después 후에
inmediatamente 바로
verdaderamente 정말로, 과연
simplemente 단순히
finalmente 결국
fuertemente 강하게

※ -mente는 부사형 어미입니다.

자주 쓰는 접속사 및 구문

pues 그리고, 그래서, 그러면

por eso 그래서

y 그래서, 그리고

o 또는

pero 하지만, 그러나

sin embargo 하지만

si 만약에

por lo tanto 그러므로, 그래서

a veces 가끔

a menudo 자주

por fin 드디어, 마침내

por ejemplo 예를 들어

a pesar de ~에도 불구하고

por si acaso 만일, 혹시

entonces 그러면, 그렇다면

porque 왜냐하면

como ~이기 때문에

en vez de ~ 대신에

de verdad 진짜로

para que ~하도록

de repente 갑자기

en seguida 즉시

en conclusión 결국

por cierto 그건 그렇고

de todas formas 어쨌든

a propósito 그건 그렇다 치고

no obstante 그럼에도 불구하고

en consecuencia 그 결과

미니 테스트

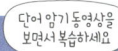

1 빈칸에 들어갈 형용사를 적어 보세요.

1 새로운 집 casa _____   2 낡은 구두 zapatos _____

3 쉬운 문제 problema _____   4 나쁜 소녀 chica _____

5 더러운 차 coche _____   6 따뜻한 물 agua _____

2 다음 접속사의 뜻을 써 보세요.

1 pero _____

2 si _____

3 entonces _____

4 porque _____

3 스페인어와 우리말의 뜻을 알맞게 연결해 보세요.

1 예를 들어 ·   ① por ejemplo

2 어쨌든 ·   ② a pesar de

3 갑자기 ·   ③ de todas formas

4 ~에도 불구하고 ·   ④ de repente

---

1 1. nueva 2. viejos 3. fácil 4. mala 5. sucio 6. caliente **2** 1. 하지만/그러나 2. 만약에 3. 그러면/그렇다면 4. 왜냐하면 **3** 1. ① 2. ③ 3. ④ 4. ②

Day 30

공부순서: ☐ MP3 듣기 ➡ ☐ 단어 암기 ➡ ☐ 예문 빈칸 채우기 ➡ ☐ 단어 암기 동영상

자주 쓰이는 동사구 표현

🎧 MP3를 들어보세요

tomar fotos
사진을 찍다

dar una fiesta
파티를 열다

ir de vacaciones
휴가를 가다

salir de noche
밤에 놀러 나가다

pasarlo bien
시간을 잘 보내다

hacer ejercicio
운동을 하다

| 618 | **pasear por** ~를 산책하다 | Me gusta ✏️ _____ el parque. 나는 공원을 산책하는 걸 좋아해. |

| 619 | **ir al centro** 시내에 가다 | ¡Vamos a _____ mañana! 우리 내일 시내에 가자! |

| 620 | **ir de pesca** 낚시하러 가다 | ¿Quieres _____ conmigo al mar? 나와 함께 바다로 낚시하러 갈래? |

| 621 | **tomar el sol** 일광욕하다 | Los españoles _____ en la playa. 스페인 사람들이 해변에서 일광욕을 합니다. |

| 622 | **hacer ruido** 소음을 내다, 시끄럽게 하다 | Mis vecinos _____ por la noche. 나의 이웃들은 밤에 시끄러워요. |

| 623 | **hacer la maleta** 짐을 싸다 | Tengo que _____. 나는 짐을 싸야 합니다. |

| 624 | **hacer la cama** 침대를 정리하다 | ¿Por qué no _____? 너 침대 정리 좀 하는 게 어때? |

Hint 621 toman el sol 622 hacen ruido 624 haces la cama

#	Spanish	Korean	Example
625	**poner la lavadora**	세탁기를 돌리다	Me da pereza _____ _____. 나는 세탁기 돌리는 게 귀찮아요.
626	**tener interés en**	~에 관심이 있다	Mi hijo _____ _____ la historia. 나의 아들은 역사에 관심이 있습니다.
627	**ir al extranjero**	외국에 가다	El actor _____ _____ pronto. 그 배우는 곧 외국에 갑니다.
628	**dejar de trabajar**	일을 그만두다	Quiero _____ _____. 나는 일을 그만두고 싶어.
629	**acordarse de**	~에 대해 기억하다	Todavía _____ _____ ti. 나는 여전히 너를 기억해.
630	**pedir prestado**	빌리다	Él siempre _____ _____ dinero. 그는 항상 돈을 빌립니다.
631	**llevarse bien con**	~와 사이가 좋다	No _____ _____ _____ ella. 나는 그녀와 사이가 좋지 않아요.

Hint 626 tiene interés en 627 va al extranjero 629 me acuerdo de 630 pide prestado
631 me llevo bien con

632
fregar los platos
설거지하다

Mi padre ✎ _____ a menudo.
나의 아빠는 자주 설거지를 하십니다.

633
pasar la aspiradora
청소기를 돌리다

Necesitas _____ .
너 청소기 좀 돌려야겠다.

634
echar una mano
돕다

¿Me puedes _____ ?
너 나 좀 도와줄 수 있어?

635
ir de excursión
소풍을 가다

Este sábado _____ .
이번 주 토요일에 우리는 소풍을 갑니다.

636
montar en bicicleta
자전거를 타다

Los domingos _____ .
일요일마다 니는 자전거를 탑니다.

637
compartir piso con
~와 아파트를 공유하다

_____ una chica alemana.
저는 독일 여자아이와 같이 삽니다.

638
tomar la decisión
결정하다

Es difícil _____ .
결정을 내리는 게 어려워요.

Hint 632 friega los platos 635 vamos de excursión 636 monto en bicicleta
637 Comparto piso con

철자를 틀리기 쉬운 단어들

abeja	벌(곤충)
oveja	양(동물)
oreja	귀
cuatro	4
cuarto	방, 네 번째의, 15분
cuadro	액자, 그림
catorce	14
cuarenta	40
cabeza	머리
cerveza	맥주
cereza	체리
cama	침대
casa	집
cara	얼굴

 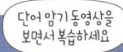 

미니 테스트

1 다음 뜻을 스페인어로 써 보세요.

1 일광욕하다 _____   2 사진을 찍다 _____

3 짐을 싸다 _____   4 시내에 가다 _____

5 휴가를 가다 _____   6 운동을 하다 _____

2 다음 스페인어의 뜻을 써 보세요.

1 pasarlo bien _____

2 echar una mano _____

3 tomar la decisión _____

4 fregar los platos _____

3 스페인어와 우리말의 뜻을 알맞게 연결해 보세요.

1 벌 ·   ① oveja

2 양 ·   ② abeja

3 귀 ·   ③ oreja

---

1 1. tomar el sol 2. tomar fotos 3. hacer la maleta 4. ir al centro 5. ir de vacaciones 6. hacer ejercicio **2** 1. 시간을 잘 보내다 2. 돕다 3. 결정하다 4. 설거지하다 **3** 1. ② 2. ① 3. ③

가

가게	129
가격	130, 188
가구	132
가끔	200
가냘픈	196
가는	192
가다	73
가르치다	56, 80
가방	124
가벼운	146, 196
가수	23, 26, 166
가슴	30
가위	79
가을	93
가이드	117, 160
가전제품	132
가족	22, 24
가지고 가다	56
가지다	60
가판대	132
간식	112
간식을 먹다	61
간장	112
간호사	26
감기에 걸린	151, 152
감독하다	90
감염	151
갑자기	200
강	100
강의실	81
강한	196
같은	192
개	98
개구리	102
개미	102
개방적인	20
갠	94
거기	47
거만한	17
거스름돈	129
거의	199
거절된 전화	180
거짓말쟁이	20
거짓말하다	60
걱정하는	37, 39
건강	151, 172
건강 검진	154
건너다	137
건조한	96
걷다	52, 56, 137
걸어서	140
검사	160
검진하다	152
검표원	140
겁이 많은	20
게시판	79
게으른	16, 17
겨울	93
결국	199, 200
결석하다	84
결정하다	55, 116, 205
겸손한	20
경기	171
경영	90
경쟁자	172
경쟁하다	65, 172
경찰관	23, 27
경치	115
경험	116
계란	112
계산서	107
계산하다	188
계약하다	90
계절	93
계획	116
고기	105
고등학교	84
고르다	65, 132
고모	28
고모부	28
고속도로	140
고양이	98
고용주	90
고용하다	89
고치다	176
고통	150
곡선	191
곧	188, 199
곧은	138
골프	170
곰	102
곱하다	188
공	169
공무원	26
공부하다	52, 72, 75
공연	166
공유하다	54
공존하다	54
공책	78
공항	114, 156, 157
과목	81
과연	199
과일	106
관광	156
관광객	117
광고	132
교수	26
교실	81
교육	84
교통	135
교통 체증	140
교통수단	135
교환	132
교환학생	84
교활한	20
구급차	139
구두	120, 122
구름	95
구름이 낀	94
국가	11, 157
국내선	160
국적	11
국제선	160
국제적인	146, 198
귀	30, 31
귀걸이	124
귀여운	33
그래서	200
그러나	200
그러므로	200
그리고	200
그림	166
그림 그리다	56, 162, 164
금요일	187
금지된	160
급식실	84
급행 버스	140

기내식	160	낚시	166, 203	다혈질의	20		
기념비	117	난방기	96	닭	61		
기념품	118	날	188	단백질	154		
기능하다	176	날다	70	단점	18		
기다리다	146	날씨	93, 179	닫다	59		
기둥	192	날씬한	33	닫힌	41		
기록	175	날짜	180	달	95		
기르다	101	남자 배우	28	달력	179, 188		
기름	112	남자 형제	24	달리다	53, 137		
기말고사	84	남쪽	47	닭고기	112		
기밀의	90	남편	25	당구	171		
기쁜	38, 196	납작한	192	대답하다	81		
기숙사	84	낮은	194	대출	146		
기억하다	70	내려가다	56	대통령	28		
기업	90	내리다	135	대학교	83		
기업가	28, 90	내일	188	대합실	159		
기자	28	냅킨	104	대형마트	132		
기차	139, 140	냉정한	20	댄스	166		
기침	154	너그러운	20	더	199		
기타	163	넣다	56	더러운	34, 40, 197		
기항	159	네모난	191	더위	96		
기후	96	네트워크	175	더하다	188		
긴	194	넥타이	124	던지다	56		
긴장한	39	년	188	데우다	61		
길	136	노래하다	52, 162	데이터	175		
깁스하다	154	노선도	140	도로	136		
까마귀	102	노트북	175	도장	145		
깨끗한	34, 40, 197	놀다	69, 165	도착	160		
깨우다	60	놀란	37, 39	도착하다	145, 157		
깨진	40	농구	168, 169	독감	148		
꼼꼼한	20	높은	194	돈	128		
꽃	100	높이	34	돌다	137		
꽃이 피다	101	누리꾼	180	돌아가다	69		
끄다	175	눈(날씨)	61, 94	돕다	205		
끓이다	112	눈(신체)	30, 31	동그란	191		
끝나다	82	눈동자	34	동물	99		
		눈썹	34	동아리	84		
나		눈이 덮인	94	동쪽	47		
나누다	54, 188	느끼다	61	동창회	84		
나라	157	느린	195	동행하다	158		
나무	100	늦은	34, 195	돼지	98		
나비	102	늦게	188, 199	돼지고기	112		
나쁜	16, 20, 196			두꺼운	192		
나아지다	152	**다**		두려워하다	56		
나이프	104			드디어	200		
낙엽	96	다른	192	드라마	163		
낙제하다	84	다리(교량)	118, 140	드라이브하다	166		
낙천적인	20	다리(신체)	30	듣다	56, 74		
낙천주의자	20	다운로드하다	176	들어가다	80		
		다음의	140	등	32		

등기	146	메뉴	107	바다	101, 114
등기번호	146	메모	179	바람이 불다	96
등산하다	166	메모를 남기다	90	바로	199
디자이너	28	메시지	177, 179	바쁜	38, 86, 88
따뜻한	197	메일	90, 176, 179	바이러스	154
따르다	65	며느리	28	바지	121
딸	25	면도하다	76	바캉스	96
땀을 흘리다	154	면세점	158	박물관	118
또는	200	면접	90	박수	166
똥똥한	33	명성	166	반복하다	65
뜨개질하다	166	명함	89	반송	146
		모기	102	반지	124
		모양	191	받은 메일함	180
라		모자	124	발	30, 32
라이브로	166	모집 요강	90	발견하다	70
러시아워	140	모퉁이	46	발목	34
레시피	112	모험	118	발신인	146
리포트	84	목	30, 32	발톱	34
링크	180	목걸이	124	밝기	180
		목구멍	34	밝은	96
		목도리	120, 124	밤에 놀러 나가다	202
마		목소리	178	방귀	154
마라톤	168	목요일	187	방문객	118
마시다	52, 53	목욕하다	75	방학	84, 118
마우스	180	목적	158	방향을 틀다	137
마지막의	138	몸	31	배(신체)	30, 32
마침내	200	몸단장하다	75	배(탈것)	118, 134, 139
막다른 길	140	몸무게	34	배경 화면	180
만약에	200	못생긴	33	배구	170
만족한	38	묘사하다	56	배꼽	34
만지다	56	무거운	146, 196	배낭	117
많은	194	무게	146	배낭여행	118
말	98	무대	166	배달	132
말하다	50, 66	무뚝뚝한	20	배우다	53, 81
맑은	94	무료의	132	배웅하다	158
맛있는	198	무릎	34	배터리	174
맡기다	146	무심한	20	백화점	126, 127
매다	160	무음	180	뱀	102
매미	102	문지르다	61	버리다	56
매우	199	물	106	버스	134, 139
매운	198	물건	128	번개	96
매표소	140	물고기	99	번호	177
매형	28	물을 주다	60, 101	벌	102
맥주	106, 109	뮤지컬	166	벌레	99
머리	30, 31	미소 짓다	66	벌써	199
머리를 말리다	76	미용사	23	벗다	121
머리를 빗다	76			벨트	124
머리카락	32			벼룩시장	126, 127
먹다	50, 52, 74	**바**		변경하다	116
멀미나는	41			변비	154
멀미하다	118	바느질하다	166		

변호사	27		비교하다	132		상점	129
변환시키다	60		비기다	172		상처	148, 150
별	95		비둘기	102		상품	128
별똥별	96		비디오	179		새	99
병	149		비밀번호	146, 180		새로운	195
병원	148, 149		비상구	160		새벽	96, 188
보고서	84		비수기	96		샐러드	112
보내다	90, 145		비싼	130, 195		생각하다	59
보다	74, 132		비용이 들다	69, 129		생계를 유지하다	90
보수적인	20		비자	159		생선	105
보안	180		비즈니스석	160		샤워하다	75
보여 주다	70		비타민	154		서류	87
보육원	84		비행	156, 157		서명	143
보조개	34		비행기	114, 134, 139		서비스	90
보호	101		비행기 연착	160		서예	166
복습하다	82		빈혈	154		서쪽	47
볶다	66, 112		빌리다	204		선	190
볼	34		빚지다	56		선글라스	124
볼거리	166		빠르게	199		선물	132
볼링	171		빠른	195		선생님	23, 26, 80
볼펜	78		빵	105		선선함	96
봄	93		빼다	188		선수권 대회	172
봉사하다	65					선택하다	65, 132
봉투	142, 145		**사**			선풍기	96
부끄러움	40					선호하다	59
부르다	56, 82		사각형의	191		설거지하다	205
부상	150		사거리	136		설명하다	88
부서	90		사고	140		설사	154
부서진	40		사교적인	19		설정	179
부유한	198		사다	50, 52, 128		설탕	107
부이	25		사랑하다	59		섬	114, 118
부자	143		사막	114, 118		섬세한	192
부재중 전화	180		사무실	87, 90		섣가심	20
부지런한	17		사용자	180		성격	17
부채	96		사위	28		성수기	96
부츠	124		사인	143		성실한	16, 18
북쪽	47		사자	102		성적	82
분	188		사장	88		성적표	84
분명히	199		사전	81, 180		세계	160
분배하다	54		사진	179		세계 일주	118
분필	79		사진을 찍다	118, 164, 202		세관	160
불안한	40		사촌	25		세관 신고	160
불친절한	17		사표	89		세모	190, 191
불편한	198		산	99, 114		세일	130
붓다	154		산책하다	52, 166, 203		세탁기를 돌리다	76, 204
브래지어	124		살균	154		센	196
블라우스	120, 121		삼각형의	191		센트	128
비	69, 94		삼촌	28		셔츠	121
비관적인	20		상사	88		소	98
비관주의자	20		상자	145		소고기	112

★ 스피드 인덱스 211

소금	107	숙제	80	신혼여행	118
소나기	94	순번	143	실업	90
소나무	102	순진한	20	심심한	41
소독	154	순회하다	56, 118	싼	130, 195
소리	180	숟가락	104	쌀	105
소리가 나다	178	숫자	122, 177	쌍꺼풀	34
소방관	23	숲	100	쓰다	50, 54
소설	164	쉬다	56, 76, 89	씻다	72, 73
소설가	28	쉬운	83, 197		
소스	112	슈퍼마켓	126, 127		
소심한	19	스카치테이프	79	**아**	
소음을 내다	203	스카프	124	아나운서	28
소중히 여기다	101	스키	171	아들	25
소포	145	스타일	124	아마도	199
소풍	84, 118	스타킹	120, 123	아버지	24
소풍 가다	166, 205	스포츠	169	아빠	22
소화	154	슬픈	37, 38	아이	25
소화 불량	154	습기	96	아이스크림	112
속도	140	습한	96	아직도	199
속옷	122	승객	160	아침식사	105
손	30, 32	승무원	158	아침식사 하다	56, 74
손가락	30, 34	승진	89	아프다	150
손녀	28	시간	188	아픈	37, 39, 150
손님	130	시간 보내기	165	악기	163
손수건	124	시간을 잘 보내다	202	악한	20
손자	28	시간이 걸리다	136	안개	95
손톱	34	시간표	90, 140	안경	124
솔직한	20	시계	124, 188	안전벨트	160
쇼핑 가다	124, 128	시끄럽게 하다	203	알람	178
쇼핑 센터	124	시내에 가다	203	알레르기	152
쇼핑 카트	132	시럽	150	알베르게	118
수다쟁이의	18	시리얼	112	알약	150
수를 세다	188	시아버지	28	암	154
수리하다	176	시어머니	28	암사자	102
수속	160	시원한	96, 197	암호랑이	102
수수료	146	시인	28	애니메이션 만화	164
수술	154	시작하다	59, 82	애완동물	100
수업을 듣다	165	시장	127	애인	28
수영	168	시차	160	애플리케이션	178
수영복	124	시험	82	야간 근무	89
수영장	170	식당	84, 107	야구	168, 169
수영하다	56, 170	식료품점	126, 127	야영하다	118
수요일	187	식물	99	야외에서	166
수집	166	식초	112	약	148
수취인	146	식탁보	104	약국	154
수탉	100	신발	120, 122	약사	28
수프	112	신선한	197	약사	154
수하물	156	신용카드	129	약한	196
숙모	28	신체	31	양말	123
숙박 시설	115	신호등	137	양치하다	73

어깨	30	오늘	188	운동선수	27, 171
어두운	96	오다	60, 73	운동장	172
어디	11	오래된	195	운동하다	76, 202
어려운	83, 197	오르다	54	운동회	84
어리석은	20	오직	199	운송	135
어린이	25	오토바이	139	운전기사	138
어린이집	84	오페라	166	운전하다	138
어머니	24	온도	95	울리다	178
어제	188	온도계	154	울적한	39
어지러운	41	올라가다	54	웃다	66
어쨌든	200	올리다	176	원	190, 191
언어	180	올리브	112	원뿔	191
얻다	65	옷	121	원숭이	102
얼굴	30, 31	옷 가게	124, 126, 127	원피스	122
얼음	96	옷을 벗다	76	원하다	53, 59
엄격한	16, 18	옷을 입다	73, 121	월	188
엄마	22	옷을 입히다	66	월급	86, 88
업무	87	와이파이	180	월요일	187
에어컨	96	와인	106	웨이터	28
엔지니어	28	와인 잔	104	유로	128
여가 시간	166	완전히	199	유명한	166
여권	156, 157	왕복	138	유저	180
여기	47	외교관	28	유치원	84
여드름	34	외국에 가다	204	유쾌한	18
여름	93	외국인	116	유학하다	84
여배우	28	외동딸	28	유행	123
여우	102	외동아들	28	은행	142, 143
여자 형제	24	외로운	38	은행 계좌	146
여정	160	외우다	83	은행원	28, 146
여행	53, 115	외치다	56	음료	107
여행 가방	117	외투	123	음식	105
여행사	117	요가	168	음악	163, 179
역	135	요구하다	65	음아을 듣다	72, 162
역시	199	요리사	23, 27	의기소침한	38
연결망	175	요리하다	56, 76, 112	의도	158
연결하다	180	요일	188	의사	23, 26, 149
연극	165	용감한	20	간호사	149
연봉	90	우박	96	의원	149
연습하다	56	우산	94	의자	78
연주하다	56, 163	우아한	34	이	34
연필	78	우울한	39	이기다	172
열	148, 150	우유	109	이기적인	19
열다	50, 54	우체국	142, 144	이력서	86, 90
열린	41	우체통	146	이륙하다	159
엽서	145	우편번호	146	이모	28
영수증	129	우표	142, 145	이모부	28
영화	163	우호적인	20	이상주의자	20
예쁜	33	운동	169	이자	146
예약하다	56, 115	운동경기를 하다	165, 170	이제	199
예의 바른	19	운동복	124	이체하다	144

이코노미석	160	작동하다	176	점심식사 하다	72, 74
이해심이 있는	20	작별하다	66, 158	점원	130
이해하다	53, 59, 82	작은	194	접수원	118
인격	17	잔고	146	접시	104
인기	166	잔디	102	정류장	137
인내심이 있는	20	잔액	178	정리된	41
인사이동	90	잘	199	정말로	199
인사하다	74	잘생긴	33	정보	177
인색한	19	잠에서 깨다	73	정사각형	190
인출하다	144	잠옷	123	정오	188
인터넷	176	잠자리	102	정장	123
인형	164	잠자리에 들다	75	정지하다	138
일	87	잡다	55, 140	정치인	28
일광욕하다	203	장난감	132	제공	117
일기예보	95	장모	28	제공하다	65
일어나다	72, 73	장미	102	제비	102
일요일	187	장소	116	제시간에	188
일을 그만두다	204	장인	28	제휴	90
일정	115, 160	장점	18	조깅하다	166
일찍	188, 199	장학금	84	조끼	124
일하다	52, 86, 87	재료	112	조카	28
읽다	50, 53, 72, 74	재미있는	20	조퇴하다	90
잃다	61	재배하다	101	조합	90
임대하다	118	재채기하다	154	존재하다	56
입	30, 31	재킷	120, 123	존중하다	101
입구	140	잼	112	졸업	84
입금하다	144	저금	144, 146	졸업하다	80
입다	121	저기	47	종이	79
입술	34	저녁식사	105	좋은	20, 196
입원하다	149	저녁식사 하다	56, 74	좌석	160
입장권	166	저렴한	195	주	188
입학하다	80	저장하다	176	주름	34
		저축	146	주말	188
		적극적인	19	주머니	124
		적은	194	주문하다	65
자		전공	84	주방	112
자	79	전근	90	주부	27
자기중심적인	20	전망대	118	주사	148
자다	69, 72, 75	전염성의	152	주소	146
자동차	135, 139	전통적인	198	주스	112
자르다	112	전형	90	주유소	140
자만하는	20	전화기	174, 177	주차장	140
자명종	76	전화를 걸다	178	주차하다	137
자연	99	전화번호부	179	죽다	69
자연 환경	100	절대로	199	줄을 서다	146
자유 시간	166	절약하다	132, 144	중간고사	84
자전거	134, 139	절차	160	중절모	124
자전거를 타다	205	젊은	34, 195	중학교	84
자정	188	점	34, 190	쥐	102
자주	200	점심식사	105	즉시	200
자판	180				

즐기다	60, 165	채소	106	**카**		
지갑	124	채팅하다	180	카네이션	102	
지금	188, 199	책	78	카드	146	
지다	172	책상	78	카메라	164, 179	
지도	118, 179	책을 읽다	162	카트	160	
지루한	37, 41	챔피언	172	캐리어	117	
지름길	140	처방전	154	캘린더	179	
지방	154	처제	28	캡모자	124	
지불하다	56, 129	처형	28	커피	109	
지역	180	천둥	96	컴퓨터	174, 175	
지우개	79	천천히	136, 199	컵	104	
지우다	177	철도	140	케이블	180	
지저분한	34	철물점	126, 127	케익	112	
지진	96	첨부하다	180	켜다	61, 175	
지친	41	청력	34	코	30, 31	
지하철	134, 135, 139	청소기를 돌리다	205	코끼리	102	
지휘하다	90	청소하다	56, 76	콘서트	164	
직사각형	190	청진기	152	콧물	152	
직선	191	체육관	170	콧수염	34	
직업	25	초등학교	84	쾌활한	18	
직원	90	추운	197	크기	180	
직장 동료	88	추위	96	큰	194	
진동	180	추적하다	146	클럽	84	
진열장	132	축구	168, 169	키	34	
진지한	18	축구 선수	28	키가 작은	33, 194	
질문하다	81	출구	140	키가 큰	33, 194	
질병	149	출발	160	키우다	101	
질식시키는	96	출발하다	56, 157			
질투하는	40	출석하다	84	**타**		
짐을 싸다	203	출장	87			
짝수	188	춤	166	타다	52, 55, 135, 140	
짧은	194	춤추다	56, 165	탈것	140	
쫓다	65	충진하다	178	탈의실	132	
찢어진	40	취미	163, 165	탑	118	
		취소하다	116, 180	탑승하다	159	
차		취한	37, 41	태양	95	
		치료	154	태풍	96	
차(음료)	109	치료하다	154	택시	134, 139	
차가운	197	치마	120, 122	터널	140	
차례	143	치수를 재다	66	턱	34	
차를 렌트하다	118	치아	34	턱수염	34	
차창	138	치즈	106	테니스	171	
착륙하다	159	친구	28	토끼	98	
착용하다	121	친절한	16, 17	토너먼트	172	
착한	16, 20, 196	칠판	79	토스트	112	
참새	102	칠하다	56	토요일	187	
참석하다	84	침대를 정리하다	203	토하다	154	
찻잔	104	침술	154	통장	143	
창가 자리	160	침실	118	퇴원하다	149	
창구	143	침착한	40			

★ 스피드 인덱스 **215**

튀기다	66, 112			환전하다	144
튤립	102	**하**		활발한	19
트럭	139			활주로	160
특가	117	하늘	93	회계	86, 90
특별히	199	하이힐	124	회복되다	152
특산품	118	하지만	200	회사	87, 90
특징	17	하품하다	154	회사원	23, 26
티셔츠	122	학교	80	회의	87
티켓	156	학생	26, 80	회화	166
팀	171	학원	84	회화 시험	84
팁	129	할머니	24	획득하다	65
		할아버지	24	후식	106
파		할인	132	후추	112
		함께 살다	54	휴가	96, 118, 202
파리	102	합격하다	70, 84	휴대폰	174, 177
파일	175	항공사	160	휴식을 취하다	89
파일럿	160	항상	199	휴지통	174
파트타임	90	해결하다	70	흉터	151
파티를 열다	202	해고하다	89	흐린	94
판다	102	해바라기	102	흥미	166
판매	158	해산물	107	흥정하다	132
팔	30	해수욕하다	75		
팔다	54, 128	해외	158	**기타**	
팔찌	124	핸드볼	170		
패키지 여행	118	행복한	37, 38, 196	★국가	11~13
팬	165	허리	32	★위치	45~47
팬티	124	허용하다	56	★음식 및 음료	108~111
팸플릿	118	헬리콥터	139, 160	★숫자	182~184
페이지	180	혀	34	★시간	185
편의점	132	현금	132	★날짜	186
편지	142, 144	현대적인	198	★부사 및 접속사	199~200
편한	198	현실주의자	20		
평평한	192	혈압	154		
포장하다	132	혈액형	154		
포크	104	협력	90		
폭풍우	96	형부	28		
폴더	174	호랑이	102		
표	140	호스텔	115		
풀	102	호텔	115		
풀다	70	혹시	200		
풀타임	90	홀수	188		
풍경	115	화가	23, 27		
풍부한	198	화난	37, 39		
프린터	180	화면	177		
플랫폼	140	화요일	187		
피	151	화장하다	75		
피곤한	37, 38, 86, 88	확인하다	88		
피라미드	192	환불	132		
피부	34	환승하다	140		
필통	79	환율	146		
		환자	149